DEUS

sobre todas as coisas

Kyle Cass

Adaptação

Castro Mattar

DEUS

sobre todas as coisas

LeiaSempre

Adaptação para o português - *Castro Mattar*

Revisão - *Elaine de Almeida Gomes*

Diagramação e Capa - *JBC Corporation Inc.*

Foto da capa - *Janaina Loureiro*

Isbn - 9788588434523

leiasempre@terra.com.br

Impresso no Brasil

SUMÁRIO

Prefácio

A vida se apresenta através de situações para as quais não fomos preparados.

Normalmente nos deparamos com acontecimentos em que precisamos de apoio, ou uma palavra amiga que nos ajude a enfrentar esses desafios.

Não estou falando somente das circunstâncias negativas, mas também de acontecimentos maravilhosos que queremos e podemos dividir.

Tenho uma linda esposa e dois filhos já crescidos e cuidando de suas próprias vidas; e divido com eles tudo de bom que a vida tem.

Estudei Teologia e Serviço Social, viajei pelo mundo, ví e ouvi testemunhos maravilhosos da presença de Deus na vida de várias pessoas.

Procurei com esse livro organizar de maneira simples e eficiente a maioria das necessidades e desejos que temos na rotina diária, onde podemos encontrar a presença de DEUS e seus desígnios para cada um de nós.

Aqui o leitor encontrará uma passagem sempre pertinente para qualquer situação em que esteja envolvido. São 70 tópicos que abordam o indivíduo e sua família: a criação de seus filhos e como devem se comportar; como lidar com dinheiro, fracasso ou sucesso; como enfrentar a raiva, a inveja; como se entregar definitivamente à vontade divina.

DEUS, o criador, nos deu vida e esta receita para torná-la uma passagem repleta de satisfação.

Leia, absorva e, sobretudo, passe adiante cada ensinamento que Ele nos oferece, para que possamos ter uma vida mais bela e, através do amor ao próximo, tornar o nosso dia a dia mais harmonioso, produtivo e profundamente feliz.

Kyle Cass

Ajuda Para Problemas

Em seis angústias te livrará; e na sétima o mal não te tocará. ***"Jó 5:19"***

Eis que Deus não rejeitará ao reto; nem toma pela mão aos malfeitores;

...até que de riso te encha a boca, e os teus lábios de júbilo. ***"Jó 8:20,21"***

Tenho-vos dito isto, para que em mim tenhais paz; no mundo tereis aflições, mas tende bom ânimo, eu venci o mundo. ***"João 16:33"***

Porque o SENHOR não rejeitará para sempre.

Pois, ainda que entristeça a alguém, usará de compaixão, segundo a grandeza das suas misericórdias.

Porque não aflige nem entristece de bom grado os filhos dos homens. ***"Lamentações 3:31-33"***

Ó inimiga minha, não te alegres a meu respeito; ainda que eu tenha caído, levantar-me-ei; se morar nas trevas, o SENHOR será a minha luz.

Sofrerei a ira do SENHOR, porque pequei contra ele, até que julgue a minha causa, e execute o meu direito; ele me tirará para a luz, e eu verei a sua justiça. ***"Miquéias 7:8,9"***

O SENHOR é bom, ele serve de fortaleza no dia da angústia, e conhece os que confiam nele. ***"Naum1:7"***

O SENHOR é também um alto refúgio para o oprimido, um alto refúgio em tempos de angústia. ***"Salmos 9:9"***

O SENHOR é a minha rocha, a minha fortaleza e o meu libertador; o meu Deus, o meu rochedo, em quem me refugio; o meu escudo, a força da minha salvação, e o meu alto refúgio. **"Salmos 18:2"**

Sim, tu acendes a minha candeia; o SENHOR meu Deus ilumina as minhas trevas. **"Salmos 18:28"**

Porque não desprezou nem abominou a aflição do aflito, nem dele escondeu o seu rosto; antes, quando ele clamou, o ouviu. **"Salmos 22:24"**

Amai ao SENHOR, vós todos os que sois seus santos; o SENHOR guarda os fiéis, e retribui abundantemente ao que usa de soberba. **"Salmos 31:23"**

Tu és o meu esconderijo; preservas-me da angústia; de alegres cânticos de livramento me cercas. **"Salmos 32:7"**

Muitas são as aflições do justo, mas de todas elas o SENHOR o livra. **"Salmos 34:19"**

Espera no SENHOR, e guarda o seu caminho, e te exaltará para herdares a terra; tu o verás quando os ímpios forem desarraigados. **"Salmos 37:34"**

Mas a salvação dos justos vem do SENHOR; ele é a sua fortaleza no tempo da angústia. **"Salmos 37:39"**

Por que estás abatida, ó minha alma, e por que te perturbas dentro de mim? Espera em Deus, pois ainda o louvarei, a ele que é o meu socorro, e o meu Deus. **"Salmos 42:11"**

Deitados entre redis, sois como as asas da pomba

cobertas de prata, com as suas penas de ouro amarelo. **"Salmos 68:13"**

Tu, que me fizeste ver muitas e penosas tribulações, de novo me restituirás a vida, e de novo me tirarás dos abismos da terra. **"Salmos 71:20"**

A minha carne e o meu coração desfalecem; do meu coração, porém, Deus é a fortaleza, e o meu quinhão para sempre. **"Salmos 73:26"**

Nenhum mal te sucederá, nem praga alguma chegará à tua tenda.

Porque aos seus anjos dará ordem a teu respeito, para te guardarem em todos os teus caminhos. **"Salmos 91:10,11"**

Os que semeiam em lágrimas segarão com alegria.

Aquele que sai chorando, levando a semente para semear, voltará com cânticos de júbilo, trazendo consigo os seus molhos. **"Salmos 126:5,6"**

Embora eu ande no meio da angústia, tu me revivificas; contra a ira dos meus inimigos estendes a tua mão, e a tua destra me salva. **"Salmos 138:7"**

O SENHOR abre os olhos aos cegos; o SENHOR levanta os abatidos; o SENHOR ama os justos. **"Salmos 146:8"**

Alegria

...todavia, eu me alegrarei no SENHOR, exultarei no Deus da minha salvação. ***"Habacuque 3:18"***

Tu os padejarás, e o vento os levará, e o tufão os espalhará; mas tu te alegrarás no SENHOR e te gloriarás no Santo de Israel. ***"Iasías 41:16"***

Assim, voltarão os resgatados do SENHOR e virão a Sião com júbilo, e perpétua alegria haverá sobre a sua cabeça; gozo e alegria alcançarão, a tristeza e o gemido fugirão. ***"Isaías 51:11"***

Porque, com alegria, saireis e, em paz, sereis guiados; os montes e os outeiros exclamarão de prazer perante a vossa face, e todas as árvores do campo baterão palmas. ***"Isaías 55:12"***

Regozijar-me-ei muito no SENHOR, a minha alma se alegra no meu Deus, porque me vestiu de vestes de salvação, me cobriu com o manto de justiça, como um noivo que se adorna com atavios e como noiva que se enfeita com as suas jóias. ***"Isaías 61:10"***

Porque então te deleitarás no Todo Poderoso, e levantarás o teu rosto para Deus. ***"Jó 22:26"***

Tenho-vos dito isto, para que o meu gozo permaneça em vós, e o vosso gozo seja completo. ***"João 15:11"***

Assim também vós agora, na verdade, tendes tristeza; mas outra vez vos verei, e o vosso coração se alegrará, e a vossa alegria ninguém vos tirará. ***"João 16:22"***

Disse-lhes mais: Ide, comei as gorduras, e bebei as doçuras, e enviai porções aos que não têm nada preparado para si; porque este dia é consagrado ao nosso SENHOR; portanto não vos entristeçais; porque a alegria do SENHOR é a vossa força. ***"Neemias 8:10"***

Ao qual, não o havendo visto, amais; no qual, não o vendo agora, mas crendo, vos alegrais com gozo inefável e glorioso; ***"1 Pedro 1:8"***

Puseste no meu coração mais alegria do que a deles no tempo em que se lhes multiplicam o trigo e o vinho. ***"Salmos 4:7"***

Pois nele se alegra o nosso coração, porquanto temos confiado no seu santo nome. ***"Salmos 33:21"***

A minha alma se farta, como de tutano e de gordura; e a minha boca te louva com alegres lábios. ***"Salmos 63:5"***

O justo se alegrará no SENHOR e confiará nele, e todos os de coração reto cantarão louvores. ***"Salmos 64:10"***

Mas alegrem-se os justos, e se regozijem na presença de Deus, e se encham de júbilo. ***"Salmos 68:3"***

Bem-aventurado o povo que conhece o som festivo, que anda, ó SENHOR, na luz da tua face,

...que se regozija em teu nome todo o dia, e na tua justiça é exaltado. ***"Salmos 89:15,16"***

A luz é semeada para o justo, e a alegria para os retos de coração.

Alegrai-vos, ó justos, no SENHOR, e rendei graças ao seu santo nome. **"Salmos 97:11,12"**

Nas tendas dos justos há jubiloso cântico de vitória; a destra do SENHOR faz proezas. **"Salmos 118:15"**

Os que semeiam em lágrimas, com cânticos de júbilo semearão.

Aquele que sai chorando, levando a semente para semear, voltará com cânticos de júbilo, trazendo consigo os seus molhos. **" Salmos 126:5,6"**

Alimento e Vestimenta

E comereis fartamente, e ficareis satisfeitos, e louvareis o nome do SENHOR, vosso Deus, que procedeu para convosco maravilhosamente; e o meu povo não será mais envergonhado. ***"Joel 2:26"***

Não andeis, pois, inquietos, dizendo: Que comeremos ou que beberemos ou com que nos vestiremos?

(Porque todas essas coisas os gentios procuram). Decerto, vosso Pai celestial bem sabe que necessitais de todas essas coisas; ***"Mateus 6:31,32"***

O justo come até ficar satisfeito, mas o ventre dos ímpios passará necessidade. ***"Provérbios 13:25"***

Dá mantimento aos que o temem; lembra-se sempre do seu pacto. ***"Salmos 111:5"***

Abençoarei abundantemente o seu mantimento; fartarei de pão os seus necessitados. ***" Salmos 132:15"***

Ele é quem estabelece a paz nas tuas fronteiras; quem do mais fino trigo te farta; ***"Salmos 147:14"***

Amando Deus

Mas, como está escrito: As coisas que olhos não viram, nem ouvidos ouviram, nem penetraram o coração do homem, são as que Deus preparou para os que o amam. ***"1 Coríntios 2:9"***

Saberás, pois, que o SENHOR, teu Deus, é Deus, o Deus fiel, que guarda o concerto e a misericórdia até mil gerações aos que o amam e guardam os seus mandamentos; ***"Deuteronômio 7:9"***

E será que, se diligentemente obedecerdes a meus mandamentos que hoje te ordeno, de amar o SENHOR, teu Deus, e de o servir de todo o teu coração e de toda a tua alma,

...então darei a chuva da vossa terra a seu tempo, a temporã e a serôdia, para que recolhais o vosso grão, e o vosso mosto e o vosso azeite.

E darei erva no teu campo aos teus gados, e comerás e fartar-te-ás. ***"Deuteronômio 11:13-15"***

A graça seja com todos os que amam a nosso Senhor Jesus Cristo em sinceridade. Amém! ***"Efésios 6:24"***

Aquele que tem os meus mandamentos e os guarda esse é o que me ama; e aquele que me ama será amado de meu Pai, e eu o amarei, e me manifestarei a ele. ***"João 14:21"***

Eu amo aos que me amam, e os que cedo me buscarem, me acharão. ***"Provérbios 8:17"***

Para que faça herdar bens permanentes aos que me

amam, e eu encha os seus tesouros. ***"Provérbios 8:21"***

Deleita-te também no SENHOR, e ele te concederá o que deseja o teu coração. ***"Salmos 37:4"***

Pois que tanto me amou, eu o livrarei; pô-lo-ei num alto retiro, porque ele conhece o meu nome. ***"Salmos 91:14"***

O SENHOR preserva todos os que o amam, mas a todos os ímpios ele os destrói. ***"Salmos 145:20"***

Amor divino

...e amar-te-á, e abençoar-te-á, e te fará multiplicar, e abençoará o fruto do teu ventre, e o fruto da tua terra, e o teu cereal, e o teu mosto, e o teu azeite, e a criação das tuas vacas, e o rebanho do teu gado miúdo, na terra que jurou a teus pais dar-te. ***"Deuteronômio 7:13"***

Mas Deus, que é riquíssimo em misericórdia, pelo seu muito amor com que nos amou,

...estando nós ainda mortos em nossas ofensas, nos vivificou juntamente com Cristo (pela graça sois salvos),

...e nos ressuscitou juntamente com ele e nos fez assentar nos lugares celestiais, em Cristo Jesus;

... para mostrar nos séculos vindouros as abundantes riquezas da sua graça, pela sua benignidade para conosco em Cristo Jesus. ***"Efésios 2:4-7"***

Porque, como o jovem se casa com a donzela, assim teus filhos se casarão contigo; e, como o noivo se alegra com a noiva, assim se alegrará contigo o teu Deus. ***"Isaías 32:5"***

Há muito que o SENHOR me apareceu, dizendo: Com amor eterno te amei; também com amável benignidade te atraí. ***"Jeremias 31:3"***

E alegrar-me-ei por causa deles, fazendo-lhes bem; e os plantarei nesta terra certamente, com todo o meu coração e com toda a minha alma. ***"Jeremias 32:41"***

Porque Deus amou o mundo de tal maneira que deu o seu Filho unigênito, para que todo aquele que nele crê não pereça, mas tenha a vida eterna. ***"João 3:16"***

Nisto está a caridade: não em que nós tenhamos amado a Deus, mas em que ele nos amou e enviou seu Filho para propiciação pelos nossos pecados. ***"1 João 4:10"***

E nós conhecemos e cremos no amor que Deus nos tem. Deus é caridade e quem está em caridade está em Deus, e Deus, nele. ***"1 João 4:16"***

Nós o amamos porque ele nos amou primeiro. ***"1 João 4:19"***

Pois o mesmo Pai vos ama, visto como vós me amastes, e crestes que saí de Deus. ***"João 16:27"***

Eu neles, e tu em mim, para que eles sejam perfeitos em unidade, e para que o mundo conheça que tu me enviaste a mim, e que os tens amado a eles como me tens amado a mim. ***"João 17:23"***

E eu lhes fiz conhecer o teu nome, e lho farei conhecer mais, para que o amor com que me tens amado esteja neles, e eu neles esteja. ***"João 17:26"***

Eu sararei a sua infidelidade, eu voluntariamente os amarei; porque a minha ira se apartou deles. ***"Oséias 14:4"***

O caminho do ímpio é abominável ao SENHOR, mas ao que segue a justiça ele ama. ***"Provérbios 15:9"***

...o SENHOR abre os olhos aos cegos; o SENHOR levanta os abatidos; o SENHOR ama os justos. ***"Salmos 146:8"***

O SENHOR teu Deus, o poderoso, está no meio de ti, ele salvará; ele se deleitará em ti com alegria; calar-se-á por seu amor, regozijar-se-á em ti com júbilo. ***"Sofonias 3:17"***

E o próprio Senhor nosso, Jesus Cristo, e Deus nosso Pai que nos amou e pela graça nos deu uma eterna consolação e boa esperança,

...console os vossos corações e os confirme em toda boa obra e palavra.***"2 Tessalonicenses 2:16,17"***

Amor fraterno

Revesti-vos, pois, como eleitos de Deus, santos e amados, de entranhas de misericórdia, de benignidade, humildade, mansidão, longanimidade;

Suportando-vos uns aos outros, e perdoando-vos uns aos outros, se alguém tiver queixa contra outro; assim como Cristo vos perdoou, assim fazei vós também. ***"Colossenses 3:12,13"***

Aquele que ama a seu irmão está na luz, e nele não há escândalo. ***"1 João 2:10"***

Meus filhinhos, não amemos de palavra, nem de língua, mas por obra e em verdade. ***"1 João 3:18"***

Amados, amemo-nos uns aos outros, porque a caridade é de Deus; e qualquer que ama é nascido de Deus e conhece a Deus.

Aquele que não ama não conhece a Deus, porque Deus é caridade. ***"1 João 4:7,8"***

Amados, se Deus assim nos amou, também nós devemos amar uns aos outros. ***"1 João 4:11"***

Um novo mandamento vos dou: Que vos ameis uns aos outros; como eu vos amei a vós, que também vós uns aos outros vos ameis.

Nisto todos conhecerão que sois meus discípulos, se vos amardes uns aos outros. ***"João 13:34,35"***

Purificando as vossas almas pelo Espírito na obediência à verdade, para o amor fraternal, não fingido; amai-vos ardentemente uns aos outros com um coração puro; ***"1 Pedro 1:22"***

O amor seja não fingido. Aborrecei o mal e apegai-vos ao bem.

Amai-vos cordialmente uns aos outros com amor fraternal, preferindo-vos em honra uns aos outros; ***"Romanos 12:9,10"***

Quanto, porém, ao amor fraternal, não necessitais de que se vos escreva, visto que vós mesmos sois instruídos por Deus a vos amardes uns aos outros; ***"1 Tessalomicences 4:9"***

Arrependimento

Mas, se o ímpio se converter de todos os seus pecados que cometeu, e guardar todos os meus estatutos, e fizer juízo e justiça, certamente viverá; não morrerá.

De todas as suas transgressões que cometeu não haverá lembrança contra ele; pela sua justiça que praticou, viverá. ***"Ezequiel 18:21,22"***

Se há iniqüidade na tua mão, lança-a para longe de ti e não deixes habitar a injustiça nas tuas tendas.

Porque então o teu rosto levantarás sem mácula; e estarás firme, e não temerás. ***"Jó 11:14,15"***

...e dizendo: O tempo está cumprido, e o Reino de Deus está próximo. Arrependei-vos e crede no evangelho. ***"Marcos 1:15"***

E, saindo eles, pregavam ao povo que se arrependesse. ***"Marcos 6:12"***

Ide, porém, e aprendei o que significa: Misericórdia quero e não sacrifício. Porque eu não vim para chamar os justos, mas os pecadores, ao arrependimento. ***"Mateus 9:13"***

Perto está o SENHOR dos que têm o coração quebrantado, e salva os contritos de espírito. ***"Salmos 34:18"***

Sara os quebrantados de coração, e cura-lhes as feridas; ***"Salmos 147:3"***

Autonegação

E os que são de Cristo crucificaram a carne com as suas paixões e concupiscências. ***"Gálatas 5:24"***

E ele lhes disse: Na verdade vos digo que ninguém há, que tenha deixado casa, ou pais, ou irmãos, ou mulher, ou filhos pelo Reino de Deus,

...e não haja de receber muito mais neste mundo e, na idade vindoura, a vida eterna. ***"Lucas 18:29,30"***

Eu, porém, vos digo que não resistais ao mal; mas, se qualquer te bater na face direita, oferece-lhe também a outra;

...e, ao que quiser pleitear contigo, e tirar-te a túnica, larga-lhe também a capa;

...e, se qualquer te obrigar a caminhar uma milha, vai com ele duas. ***"Mateus 5:39-41"***

Então, disse Jesus aos seus discípulos: Se alguém quiser vir após mim, renuncie-se a si mesmo, tome sobre si a sua cruz e siga-me;

...porque aquele que quiser salvar a sua vida, perdê-la-á, e quem perder a sua vida por amor de mim, achá-la-á.

...pois que aproveita ao homem ganhar o mundo inteiro, se perder a sua alma? Ou que dará o homem em recompensa da sua alma? ***"Mateus 16:24,26"***

Portanto, irmãos, somos devedores, não à carne para vivermos segundo a carne;

...porque se viverdes segundo a carne, haveis de morrer; mas, se pelo Espírito mortificardes as obras do corpo, vivereis. ***"Romanos 8:12,13"***

Porque a graça de Deus se há manifestado, trazendo salvação a todos os homens,

...ensinando-nos que, renunciando à impiedade e às concupiscências mundanas, vivamos neste presente século sóbria, e justa, e piamente, ***"Tito 2:11,12"***

Blasfêmia e Censura

Ouvi-me, vós que conheceis a justiça, vós, povo, em cujo coração está a minha lei; não temais o opróbrio dos homens, nem vos turbeis pelas suas injúrias. **"Isaías 51:7"**

Do açoite da língua estarás encoberto; e não temerás a assolação, quando vier. **"Jó 5:21"**

... bem-aventurados sois vós quando vos injuriarem, e perseguirem, e, mentindo, disserem todo o mal contra vós, por minha causa.
Exultai e alegrai-vos, porque é grande o vosso galardão nos céus; porque assim perseguiram os profetas que foram antes de vós. **"Mateus 5:11,12"**

Se pelo nome de Cristo sois vituperados, bem-aventurados sois, porque sobre vós repousa o Espírito da glória e de Deus; quanto a eles, é ele, sim, blasfemado, mas quanto a vós, é glorificado. **"1 Pedro 4:14"**

No abrigo da tua presença tu os escondes das intrigas dos homens; em um pavilhão os ocultas da contenda das línguas. **"Salmos 31:20"**

E ele fará sobressair a tua justiça como a luz, e o teu direito como o meio-dia. **"Salmos 37:6"**

Ele do céu enviará seu auxílio , e me salvará, quando me ultrajar aquele que quer calçar-me aos pés. Deus enviará a sua misericórdia e a sua verdade. **"Salmos 57:3"**

Caridade

Cada um contribua segundo propôs no seu coração; não com tristeza, ou por necessidade; porque Deus ama ao que dá com alegria. ***"2 Coríntios 9:7"***

Agora, pois, permanecem a fé, a esperança, o amor, estes três; mas o maior destes é o amor. ***"1 Coríntios 13:13"***

Então, virá o levita (pois nem parte nem herança tem contigo), e o estrangeiro, e o órfão, e a viúva, que estão dentro das tuas portas, e comerão, e fartar-se-ão, para que o SENHOR, teu Deus, te abençoe em toda a obra das tuas mãos, que fizeres. ***"Deuteronômio 14:29"***

Lança o teu pão sobre as águas, porque, depois de muitos dias, o acharás. ***"Eclesiastes 11:1"***

Porventura, não é também que repartas o teu pão com o faminto e recolhas em casa os pobres desterrados? E, vendo o nu, o cubras e não te escondas daquele que é da tua carne?

Então, romperá a tua luz como a alva, e a tua cura apressadamente brotará, e a tua justiça irá adiante da tua face, e a glória do SENHOR será a tua retaguarda. ***"Isaías 58:7,8"***

...e, se abrires a tua alma ao faminto e fartares a alma aflita, então, a tua luz nascerá nas trevas, e a tua escuridão será como o meio-dia. ***"Isaías 58:10"***

Dai, e ser-vos-á dado; boa medida, recalcada, sacudida e transbordando vos darão; porque com a mesma medida com que medirdes também vos medirão de novo. ***"Lucas 6:38"***

Vendei o que tendes, e dai esmolas, e fazei para vós bolsas que não se envelheçam, tesouro nos céus que nunca acabe, aonde não chega ladrão, e a traça não rói. **"Lucas 12:33"**

Mas, quando fizeres convite, chama os pobres, aleijados, mancos e cegos

... e serás bem-aventurado; porque eles não têm com que te recompensar; mas recompensado serás na ressurreição dos justos. **"Lucas 14:13,14"**

E Jesus, olhando para ele, o amou e lhe disse: Falta-te uma coisa: vai, e vende tudo quanto tens, e dá-o aos pobres, e terás um tesouro no céu; e vem e segue-me. **"Marcos 10:21"**

Guardai-vos de fazer a vossa esmola diante dos homens, para serdes vistos por eles; aliás, não tereis galardão junto de vosso Pai, que está nos céus.

Quando, pois, deres esmola, não faças tocar trombeta diante de ti, como fazem os hipócritas nas sinagogas e nas ruas, para serem glorificados pelos homens. Em verdade vos digo que já receberam o seu galardão.

Mas, quando tu deres esmola, não saiba a tua mão esquerda o que faz a tua direita;

...para que a tua esmola seja dada ocultamente, e teu Pai, que vê em secreto, te recompensará publicamente. **"Mateus 6:1-4"**

Então, dirá o Rei aos que estiverem à sua direita: Vinde, benditos de meu Pai, possuí por herança o Reino que vos está preparado desde a fundação do mundo;

...porque tive fome, e destes-me de comer; tive sede, e destes-me de beber; era estrangeiro, e hospedastes-me;

...estava nu, e vestistes-me; adoeci, e visitastes-me; estive na prisão, e fostes ver-me.

Então os justos lhe responderão, dizendo: SENHOR, quando te vimos com fome, e te demos de comer? ou com sede, e te demos de beber?

E quando te vimos estrangeiro, e te hospedamos? ou nu, e te vestimos?

E quando te vimos enfermo, ou na prisão, e fomos ver-te?

...e, respondendo o Rei, lhes dirá: Em verdade vos digo que, quando o fizestes a um destes meus pequeninos irmãos, a mim o fizestes. ***"Mateus 25:34-40"***

Ao que distribui mais se lhe acrescenta, e ao que retém mais do que é justo, é para a sua perda.

A alma generosa prosperará e aquele que atende também será atendido. ***"Provérbios 11:24,25"***

O que despreza ao seu próximo peca, mas o que se compadece dos humildes é bem-aventurado. ***"Provérbios 14:21"***

Ao SENHOR empresta o que se compadece do pobre, Ele lhe pagará o seu benefício. ***"Provérbios 19:17"***

O que dá ao pobre não terá falta; mas o que esconde os seus olhos terá muitas maldições. ***"Provérbios 28:27"***

Fui moço, e agora sou velho; mas nunca ví desamparado o justo, nem a sua descendência a mendigar o pão. ***"Salmos 37,25"***

Ele é sempre generoso, e empresta, e a sua descendência é abençoada. ***"Salmos 37:26"***

Bem-aventurado é aquele que considera o pobre; o SENHOR o livrará no dia do mal.

O SENHOR o guardará, e o conservará em vida; será

abençoado na terra; tu, SENHOR não o entregarás à vontade dos seus inimigos. **"Salmos 41:1,2"**

Espalhou, deu aos necessitados; a sua justiça subsiste para sempre; o seu poder será exaltado em honra. **"Salmos 112:9"**

Manda aos ricos deste mundo que não sejam altivos, nem ponham a esperança na incerteza das riquezas, mas em Deus, que abundantemente nos dá todas as coisas para delas gozarmos;

...que façam bem, enriqueçam em boas obras, repartam de boa mente, e sejam comunicáveis; **"1 Timóteo 6:17,18"**

Castigos de Deus

Por isso não desfalecemos; mas, ainda que o nosso homem exterior se corrompa, o interior, contudo, se renova de dia em dia.

Porque a nossa leve e momentânea tribulação produz para nós um peso eterno de glória mui excelente; ***"2 Coríntios 4:16,17"***

Mas, quando somos julgados, somos repreendidos pelo SENHOR, para não sermos condenados com o mundo. ***"1 Coríntios 11:32"***

...porque o SENHOR corrige o que ama e açoita a qualquer que recebe por filho.

Se suportais a correção, Deus vos trata como filhos; porque que filho há a quem o pai não corrija? ***"Hebreus 12:6,7"***

Porque aqueles, na verdade, por um pouco de tempo, nos corrigiam como bem lhes parecia; mas este, para nosso proveito, para sermos participantes da sua santidade.

E, na verdade, toda correção, ao presente, não parece ser de gozo, senão de tristeza, mas, depois, produz um fruto pacífico de justiça nos exercitados por ela. ***"Hebreus 12:10,11"***

Eis que bem-aventurado é o homem a quem Deus repreende; não desprezes, pois, a correção do Todo-Poderoso.

Porque ele faz a chaga, e ele mesmo a liga; ele fere, e as suas mãos curam. ***"Jó 5:17,18"***

Porque o SENHOR repreende aquele a quem ama, assim como o pai ao filho a quem quer bem. ***"Provérbios 3:12"***

Bem-aventurado é o homem a quem tu repreendes, ó SENHOR, e a quem ensinas a tua lei,

... para lhe dares descanso dos dias da adversidade, até que se abra uma cova para o ímpio. ***"Salmos 94:12,13"***

Clemência

Porém ele disse: Eu farei passar toda a minha bondade por diante de ti e apregoarei o nome do SENHOR diante de ti; e terei misericórdia de quem eu tiver misericórdia e me compadecerei de quem me compadecer. ***"Êxodo 33:19"***

Por isso, o SENHOR esperará para ter misericórdia de vós; e, por isso, será exalçado para se compadecer de vós, porque o SENHOR é um Deus de equidade. Bem-aventurados todos os que nele esperam. ***"Isaías 30:18"***

Por amor do meu nome, retardarei a minha ira e, por amor do meu louvor, me conterei para contigo, para que te não venha a cortar. ***"Isaías 48:9"***

E os filhos dos estrangeiros edificarão os teus muros, e os seus reis te servirão, porque, no meu furor, te feri, mas, na minha benignidade, tive misericórdia de ti. ***"Isaías 60:10"***

E te fizesse saber os segredos da sabedoria, que é multíplice em eficácia; sabe, pois, que Deus exige de ti menos do que merece a tua iniquidade. ***"Jó 11:6"***

E semeá-la-ei para mim na terra, e compadecer-me-ei dela que não obteve misericórdia; e eu direi àquele que não era meu povo: Tu és meu povo; e ele dirá: Tu és meu Deus! ***"Oséias 2:23"***

Como um pai se compadece de seus filhos, assim o SENHOR se compadece daqueles que o temem. ***"Salmos 103:13"***

Mas é de eternidade a eternidade a benignidade do SENHOR sobre aqueles que o temem, e a sua justiça sobre os filhos dos filhos, ***"Salmos 103:17"***

Confiança

Não temas, ó pequeno rebanho, porque a vosso Pai agradou dar-vos o Reino. ***"Lucas 12:32"***

Não andeis, pois, inquietos, dizendo: Que comeremos ou que beberemos ou com que nos vestiremos?

(Porque todas essas coisas os gentios procuram). Decerto, vosso Pai celestial bem sabe que necessitais de todas essas coisas; ***"Mateus 6:31,32"***

Lançando sobre ele toda a vossa ansiedade, porque ele tem cuidado de vós. ***"1 Pedro 5:7"***

Confia no SENHOR de todo o teu coração, e não te estribes no teu próprio entendimento.

Reconhece-o em todos os teus caminhos, e ele endireitará as tuas veredas. ***"Provérbios 3:5,6"***

Confia no SENHOR e faze o bem; assim habitarás na terra, e te alimentarás em segurança.

Deleita-te também no SENHOR, e te concederá os desejos do teu coração.

Entrega o teu caminho ao SENHOR; confia nele, e ele tudo fará. ***"Salmos 37:3-5"***

Bem-aventurado o homem que faz do SENHOR a sua confiança, e que não atenta para os soberbos nem para os apóstatas mentirosos. ***"Salmos 40:4"***

Deus é o nosso refúgio e fortaleza, socorro bem presente na angústia.

Pelo que não temeremos, ainda que a terra se mude, e

ainda que os montes se projetem para o meio dos mares;
"Salmos 46:1,2"

Porquanto o SENHOR Deus é sol e escudo; o SENHOR dará graça e glória; não negará bem algum aos que andam na retidão.

Ó SENHOR dos exércitos, bem-aventurado o homem que em ti põe a sua confiança. **"Salmos 84:11,12"**

Aqueles que confiam no SENHOR são como o monte Sião, que não pode ser abalado, mas permanece para sempre.
"Salmos 125:1"

Conforto

Porque, como as aflições de Cristo são abundantes em nós, assim também é abundante a nossa consolação por meio de Cristo. **"2 Coríntios 1:5"**

•

Tenho-vos dito isto, para que em mim tenhais paz; no mundo tereis aflições, mas tende bom ânimo, eu venci o mundo. **"João 16:33"**

Porque o SENHOR não rejeitará para sempre.

Pois, ainda que entristeça a alguém, usará de compaixão, segundo a grandeza das suas misericórdias.

Porque não aflige nem entristece de bom grado os filhos dos homens. **"Lamentações 3:31-33"**

Vinde a mim, todos os que estais cansados e oprimidos, e eu vos aliviarei. **"Mateus 11:28"**

O SENHOR é bom, ele serve de fortaleza no dia da angústia, e conhece os que confiam nele. **"Naum 1:7"**

O SENHOR é também um alto refúgio para o oprimido, um alto refúgio em tempos de angústia. **"Salmos 9:9"**

O SENHOR é a minha rocha, a minha fortaleza e o meu libertador; o meu Deus, o meu rochedo, em quem me refúgio; o meu escudo, a força da minha salvação, e o meu alto refúgio. **"Salmos 18:2"**

Porque não desprezou nem abominou a aflição do aflito, nem dele escondeu o seu rosto; antes, quando ele clamou, o ouviu. **"Salmos 22:24"**

Espera tu pelo SENHOR; anima-te, e fortalece o teu coração; espera, pois, pelo SENHOR. **" Salmos 27:14"** □

...ainda que caia, não ficará prostrado, pois o SENHOR lhe segura a mão. **"Salmos 37:24"**

Mas a salvação dos justos vem do SENHOR; ele é a sua fortaleza no tempo da angústia. **"Salmos 37:39"**

Deus é o nosso refúgio e fortaleza, socorro bem presente na angústia.
Portanto não temeremos, ainda que a terra se mude, e ainda que os montes se transportem para o meio dos mares.
Ainda que as águas rujam e espumem, ainda que os montes se abalem pela sua braveza. **"Salmos 46:1-3"**

Lança o teu fardo sobre o SENHOR, e ele te susterá; nunca permitirá que o justo seja abalado. **"Salmos 55:22"**

Embora eu ande no meio da angústia, tu me revivificas; contra a ira dos meus inimigos estendes a tua mão, e a tua destra me salva. **"Salmos 138:7"**

Contentamento

Sejam vossos costumes sem avareza, contentando-vos com o que tendes; porque ele disse: Não te deixarei, nem te desampararei. ***"Hebreus 13:5"***

O sentimento sadio é vida para o corpo, mas a inveja é podridão para os ossos. ***"Provérbios 14:30"***

Todos os dias do oprimido são maus, mas o coração alegre é um banquete contínuo. ***"Provérbios 15:15"***

O coração alegre é como o bom remédio, mas o espírito abatido seca até os ossos. ***"Provérbios 17:22"***

Não tenhas inveja dos pecadores; antes conserva-te no temor do SENHOR todo o dia.

Porque deveras terás uma recompensa; não será malograda a tua esperança. ***"Provérbios 23:17,18"***

Mas é grande ganho a piedade com contentamento. ***"1 Timóteo 6:6"***

Coragem

Sei estar abatido e sei também ter abundância; em toda a maneira e em todas as coisas, estou instruído, tanto a ter fartura como a ter fome, tanto a ter abundância como a padecer necessidade.

Posso todas as coisas naquele que me fortalece. **"Filipenses "4:12,13"**

Dá vigor ao cansado e multiplica as forças ao que não tem nenhum vigor. **"Isaías 40:29"**

Mas, agora, assim diz o SENHOR que te criou, ó Jacó, e que te formou, ó Israel: Não temas, porque eu te remi; chamei-te pelo teu nome; tu és meu. **"Isaías 43:1"**

E ele disse: Não temas; porque mais são os que estão conosco do que os que estão com eles. **"Reis 6:16"**

Espera tu pelo SENHOR; anima-te, e fortalece o teu coração; espera, pois, pelo Senhor. **"Salmos 27:14"**

Esforçai-vos, e fortaleça-se o vosso coração, vós todos os que esperais no SENHOR. **"Salmos 31:24"**

Confia no SENHOR e faze o bem; assim habitarás na terra, e te alimentarás em segurança. **"Salmos 37:3"**

Pois o SENHOR ama a justiça e não desampara os seus santos. Eles serão preservados para sempre, mas a descendência dos ímpios será exterminada. **"Salmos 37:28"**

Crer

A ele todos os profetas dão testemunho de que todo o que nele crê receberá a remissão dos pecados pelo seu nome. ***"Atos 10:43"***

Responderam eles: Crê no Senhor Jesus e serás salvo, tu e tua casa. ***"Atos 16:31"***

Mas, a todos quantos o receberam, deu-lhes o poder de serem feitos filhos de Deus, aos que crêem no seu nome; ***"João 1:12"***

Conhecemos a caridade nisto: que ele deu a sua vida por nós, e nós devemos dar a vida pelos irmãos. ***"João 3:16"***

Meus filhinhos, não amemos de palavra, nem de língua, mas por obra e em verdade. ***"João 3:18"***

Aquele que crê no Filho tem a vida eterna; mas aquele que não crê no Filho não verá a vida, mas a ira de Deus sobre ele permanece. ***"João 3:36"***

E Jesus lhes disse: Eu sou o pão da vida; aquele que vem a mim não terá fome, e quem crê em mim nunca terá sede. ***"João 6:35"***

Na verdade, na verdade vos digo que aquele que crê em mim tem a vida eterna. ***"João 6:47"***

Eu sou a luz que vim ao mundo, para que todo aquele que crê em mim não permaneça nas trevas. ***"João 12:46"***

Disse-lhe Jesus: Porque me viste, Tomé, creste; bem-aventurados os que não viram e creram. ***" João 20:29"***

E Jesus disse-lhe: Se tu podes crer; tudo é possível ao que crê. ***"Marcos 9:23"***

E assim para vós, os que credes, é preciosa, mas, para os rebeldes, A pedra que os edificadores reprovaram, Essa foi a principal da esquina, ***"1 Pedro 2:6"***

...como está escrito: Eis que eu ponho em Sião uma pedra de tropeço; e uma rocha de escândalo; e quem nela crer não será confundido. ***"Romanos 9:33"***

Crianças

Porque a promessa vos pertence a vós, a vossos filhos, e a todos os que estão longe: a quantos o SENHOR nosso Deus chamar. ***"Atos 2:39"***

Responderam eles: Crê no Senhor Jesus e serás salvo, tu e tua casa. ***"Atos 16:31"***

Porque derramarei água sobre o sedento e rios, sobre a terra seca; derramarei o meu Espírito sobre a tua posteridade e a minha bênção, sobre os teus descendentes. ***"Isaías 44:3"***

E todos os teus filhos serão discípulos do SENHOR; e a paz de teus filhos será abundante. ***"Isaías 54:13"***

Fazem sair as suas crianças, como a um rebanho, e seus filhos andam saltando. ***"Jó 21:11"***

Jesus, porém, vendo isso, indignou-se e disse-lhes: Deixai vir os pequeninos a mim e não os impeçais, porque dos tais é o Reino de Deus.

E ele vos mostrará um grande cenáculo mobilado e preparado; preparai-a ali.

E, tomando-as nos seus braços e impondo-lhes as mãos, as abençoou. ***"Marcos 10:14-16"***

A coroa dos velhos são os filhos dos filhos; e a glória dos filhos são seus pais. ***"Provérbios 17:6"***

Mas levanta da opressão o necessitado para um alto retiro, e dá-lhe famílias como um rebanho. ***"Salmos 107:41"***

Eis que os filhos são herança da parte do SENHOR, e o fruto do ventre o seu galardão.

Bem-aventurado o homem que enche deles a sua aljava; não serão confundidos, quando falarem com os seus inimigos à porta. **"Salmos 127:3,5"**

A tua mulher será como a videira frutífera, no interior da tua casa; os teus filhos como plantas de oliveira, ao redor da tua mesa. **"Salmos 128:3"**

Culpa

Assim que, se alguém está em Cristo, nova criatura é; as coisas velhas já passaram; eis que tudo se fez novo. ***"2 Coríntios 5:17"***

Pois, se voltardes para o SENHOR, vossos irmãos e vossos filhos acharão misericórdia diante dos que os levaram cativos, e tornarão para esta terra; porque o Senhor vosso Deus é clemente e compassivo, e não desviará de vós o seu rosto, se voltardes para ele. ***"2 Crônicas 30:9"***

Porque serei misericordioso para com as suas iniqüidades e de seus pecados e de suas prevaricações não me lembrarei mais. ***"Hebreus 8:12"***

Eu, eu mesmo, sou o que apaga as tuas transgressões por amor de mim e dos teus pecados me não lembro. ***"Isaías 43:25"***

Deixe o ímpio o seu caminho, e o homem maligno, os seus pensamentos e se converta ao SENHOR, que se compadecerá dele; torne para o nosso Deus, porque grandioso é em perdoar. ***"Isaías 55:7"***

E não ensinará alguém mais a seu próximo, nem alguém, a seu irmão, dizendo: Conhecei ao SENHOR; porque todos me conhecerão, desde o menor deles até ao maior, diz o SENHOR; porque perdoarei a sua maldade e nunca mais me lembrarei dos seus pecados. ***"Jeremias 31:34"***

...e os purificarei de toda a sua maldade com que

pecaram contra mim e perdoarei todas as suas iniqüidades com que pecaram contra mim e com que transgrediram contra mim. **"Jeremias 33:8"**

Mas, se andarmos na luz, como ele na luz está, temos comunhão uns com os outros, e o sangue de Jesus Cristo, seu Filho, nos purifica de todo o pecado. **"1 João 1:7"**

Se confessarmos os nossos pecados, ele é fiel e justo para nos perdoar os pecados, e nos purificar de toda a injustiça. **"1 João 1:9"**

Filhinhos, escrevo-vos porque, pelo seu nome, vos são perdoados os pecados. **"1 João 2:12"**

Sabendo que, se o nosso coração nos condena, maior é Deus do que o nosso coração e conhece todas as coisas. **"1 João 3:20"**

Quanto o oriente está longe do ocidente, tanto tem ele afastado de nós as nossas transgressões. **"Salmos 103:12"**

Deveres dos filhos

Filhos, obedecei em tudo a vossos pais, porque isto agrada ao SENHOR. ***"Colossenses 3:20"***

Honra a teu pai e a tua mãe, como o SENHOR, teu Deus, te ordenou, para que se prolonguem os teus dias e para que te vá bem na terra que te dá o SENHOR, teu Deus. ***"Deuteronômio 5:16"***

Maldito aquele que desprezar a seu pai ou a sua mãe! E todo o povo dirá: Amém! ***"Deuteronômio 27:16"***

Vós, filhos, sede obedientes a vossos pais no SENHOR, porque isto é justo.
Honra a teu pai e a tua mãe, que é o primeiro mandamento com promessa;
...para que te vá bem, e vivas muito tempo sobre a terra. ***"Efésios 6:1-3"***

Cada um temerá a sua mãe e a seu pai e guardará os meus sábados. Eu sou o SENHOR, vosso Deus. ***"Levítico 19:3"***

Sabes os mandamentos: Não adulterarás, não matarás, não furtarás, não dirás falso testemunho, honra a teu pai e a tua mãe. ***"Lucas 18:20"***

Filho meu, se os pecadores procuram te atrair com agrados, não aceites. ***"Provérbios 1:10"***

Filho meu, guarda o mandamento de teu pai, e não deixes a lei da tua mãe; ***"Provérbios 6:20"***

Agora, pois, filhos, ouvi-me, porque bem-aventurados serão os que guardarem os meus caminhos.

Ouvi a instrução, e sede sábios, não a rejeiteis. ***"Provérbios 8:32,33"***

O filho sábio alegra a seu pai, mas o filho insensato é a tristeza de sua mãe. ***"Provérbios 10:1"***

O filho sábio atende à instrução do pai; mas o escarnecedor não ouve a repreensão. ***"Provérbios 13:1"***

O tolo despreza a instrução de seu pai, mas o que observa a repreensão se haverá prudentemente. ***"Provérbios 15:5"***

Até a criança se dará a conhecer pelas suas ações, se a sua obra é pura e reta. ***"Provérbios 20:11"***

Filho meu, se o teu coração for sábio, alegrar-se-á o meu coração, sim, o meu próprio.

E exultarão os meus rins, quando os teus lábios falarem coisas retas. ***"Provérbios 23:15,16"***

Ouve a teu pai, que te gerou; e não desprezes a tua mãe, quando ela envelhecer. ***"Provérbios 23:22"***

Grandemente se regozijará o pai do justo; e quem gerar um filho sábio, nele se alegrará.

Alegrem-se teu pai e tua mãe, e regozije-se a que te gerou.

Filho meu, dá-me o teu coração; e deleitem-se os teus olhos nos meus caminhos. ***"Provérbios 23:24-26"***

O que guarda a lei é filho sábio; mas o companheiro dos comilões envergonha a seu pai. ***"Provérbios 28:7"***

Devoção

Responderam Sadraque, Mesaque e Abednego, e disseram ao rei: Nabucodonozor, não necessitamos de te responder sobre este negócio.

Eis que o nosso Deus a quem nós servimos pode nos livrar da fornalha de fogo ardente; e ele nos livrará da tua mão, ó rei.

Mas se não, fica sabendo, ó rei, que não serviremos a teus deuses nem adoraremos a estátua de ouro que levantaste. ***"Daniel 3:16-18"***

Deus é Espírito, e importa que os que o adoram o adorem em espírito e em verdade. ***"João 4:24"***

E disse-lhe o diabo: Dar-te-ei a ti todo este poder e a sua glória, porque a mim me foi entregue, e dou-o a quem quero.

Portanto, se tu me adorares, tudo será teu.

E Jesus, respondendo, disse-lhe: Vai-te, Satanás, porque está escrito: Adorarás o SENHOR, teu Deus, e só a ele servirás. ***"Lucas 4:6,8"***

E, tendo nascido Jesus em Belém da Judéia, no tempo do rei Herodes, eis que uns magos vieram do Oriente a Jerusalém,

...e perguntaram: Onde está aquele que é nascido rei dos judeus? Porque vimos a sua estrela no Oriente e viemos a adorá-lo. ***"Mateus 2:1,2"***

E eis que veio um leproso e o adorou, dizendo: SENHOR, se quiseres, podes tornar-me limpo.

E Jesus, estendendo a mão, tocou-o, dizendo: Quero;

sê limpo. E logo ficou purificado da lepra. **"Mateus 8:2,3"**

...os vinte e quatro anciãos prostravam-se diante do que estava assentado sobre o trono, e adoravam ao que vive pelos séculos dos séculos; e lançavam as suas coroas diante do trono, dizendo:

Digno és, SENHOR nosso e Deus nosso, de receber a glória e a honra e o poder; porque tu criaste todas as coisas, e por tua vontade existiram e foram criadas. **"Apocalipse 4:10,11"**

E os vinte e quatro anciãos, que estão assentados em seus tronos diante de Deus, prostraram-se sobre seus rostos e adoraram a Deus,

...dizendo: Graças te damos, SENHOR Deus Todo-Poderoso, que és, e que eras, porque tens tomado o teu grande poder, e começaste a reinar. **"Apocalipse 11:16,17"**

Quem não te temerá, SENHOR, e não glorificará o teu nome? Pois só tu és santo; por isso todas as nações virão e se prostrarão diante de ti, porque os teus juízos são manifestos. **"Apocalipse 15:4"**

Então me lancei a seus pés para adorá-lo, mas ele me disse: Olha, não faças tal: sou teu conservo e de teus irmãos, que têm o testemunho de Jesus; adora a Deus; pois o testemunho de Jesus é o espírito da profecia. **"Apocalipse 19:10"**

Eu louvarei ao SENHOR segundo a sua justiça, e cantarei louvores ao nome do SENHOR, o Altíssimo. **"Salmos 7:17"**

Para em lugares ocultos atirarem sobre o íntegro; disparam sobre ele repentinamente, e não temem. **"Salmos 66:4"**

Todas as nações que fizeste virão e se prostrarão diante de ti, SENHOR, e glorificarão o teu nome. ***"Salmos 86:9"***

Oh, vinde, adoremos e prostremo-nos; ajoelhemos diante do SENHOR, que nos criou.

Porque ele é o nosso Deus, e nós povo do seu pasto e ovelhas que ele conduz. Oxalá que hoje ouvísseis a sua voz: ***"Salmos 95:6,7"***

Exaltai o SENHOR nosso Deus e adorai-o no seu santo monte, porque o SENHOR nosso Deus é santo. ***"Salmos 99:9"***

Dinheiro

Antes, te lembrarás do SENHOR, teu Deus, que ele é o que te dá força para adquirires poder; para confirmar o seu concerto, que jurou a teus pais, como se vê neste dia. **"Deuterônomio 8:18"**

Melhor é uma mão cheia com descanso do que ambas as mãos cheias com trabalho e aflição de espírito. **"Eclesiastes 4:6"**

O que amar o dinheiro nunca se fartará de dinheiro; e quem amar a abundância nunca se fartará da renda; também isso é vaidade. **"Eclesiastes 5:10"**

Doce é o sono do trabalhador, quer coma pouco quer muito; mas a fartura do rico não o deixa dormir.

Há um grave mal que vi debaixo do sol, e atrai enfermidades: as riquezas que os seus donos guardam para o seu próprio dano;

...porque as mesmas riquezas se perdem por qualquer má aventura; e, havendo algum filho, nada fica na sua mão. **"Eclesiastes 5:12-14"**

A sua prata lançarão pelas ruas, e o seu ouro será como imundícia; nem a sua prata nem o seu ouro os poderá livrar no dia do furor do SENHOR; eles não fartarão a sua alma, nem lhes encherão as entranhas, porque isso foi o tropeço da sua maldade. **"Ezequiel 7:19"**

Porém ao necessitado livra da espada, e da boca deles, e da mão do forte.

Assim há esperança para o pobre; e a iniquidade tapa

a sua boca. ***"Jó 5:15,16"***

Ao aflito livra da sua aflição, e na opressão se revela aos seus ouvidos. ***"Jó 36:15"***

De nada aproveitam as riquezas no dia da ira, mas a justiça livra da morte. ***"Provérbios 11:4"***

Aquele que confia nas suas riquezas cairá, mas os justos reverdecerão como a folhagem. ***"Provérbios 11:28"***

Há alguns que se fazem de ricos, e não têm coisa nenhuma, e outros que se fazem de pobres e têm muitas riquezas. ***"Provérbios 13:7"***

Melhor é o pouco com o temor do SENHOR, do que um grande tesouro onde há inquietação. ***"Provérbios 15:16"***

O que escarnece do pobre insulta ao seu Criador, o que se alegra da calamidade não ficará impune. ***"Provérbios 17:5"***

O rico e o pobre se encontram; a todos o SENHOR os fez. ***"Provérbios 22:2"***

O que oprime ao pobre para se engrandecer a si mesmo, ou o que dá ao rico, certamente empobrecerá. ***"Provérbios 22:16"***

Não roubes ao pobre, porque é pobre, nem atropeles na porta o aflito. ***"Provérbios 22:22"***

Não te fatigues para seres rico; dá de mão à tua própria sabedoria:

Fitando tu os olhos nas riquezas, elas se vão; pois

fazem para si asas, como a águia, voam para o céu. **"Provérbios 23:4,5"**

Melhor é o pobre que anda na sua integridade, do que o rico perverso nos seus caminhos. **"Provérbios 28:6"**

O homem fiel gozará de abundantes bênçãos; mas o que se apressa a enriquecer não ficará impune. **"Provérbios 28:20"**

Aquele que é cobiçoso corre atrás das riquezas; e não sabe que há de vir sobre ele a penúria. **"Provérbios 28:22"**

Pois o necessitado não será esquecido para sempre, nem a esperança dos pobres será frustrada perpetuamente. **"Salmos 9:18"**

Por causa da opressão dos pobres, e do gemido dos necessitados, levantar-me-ei agora, diz o SENHOR; porei em segurança quem por ela suspira. **"Salmos 12:5"**

Mais vale o pouco que o justo tem, do que as riquezas de muitos ímpios. **"Salmos 37:16"**

Bem-aventurado é aquele que considera o pobre; o SENHOR o livrará no dia do mal. **"Salmos 41:1"**

Ouvi, meus amados irmãos. Não escolheu Deus os que são pobres quanto ao mundo para fazê-los ricos na fé e herdeiros do reino que prometeu aos que o amam? **"Tiago 2:5"**

Manda aos ricos deste mundo que não sejam altivos, nem ponham a esperança na incerteza das riquezas, mas em Deus, que abundantemente nos dá todas as coisas para delas gozarmos;

...que façam bem, enriqueçam em boas obras, repartam de boa mente, e sejam comunicáveis;

...que entesourem para si mesmos um bom fundamento para o futuro, para que possam alcançar a vida eterna. ***"1 Timóteo 6:17-19"***

Doença

E servireis ao SENHOR, vosso Deus, e ele abençoará o vosso pão e a vossa água; e eu tirarei do meio de ti as enfermidades. **"Êxodo 23:25"**

Mas ele foi ferido pelas nossas transgressões e moído pelas nossas iniqüidades; o castigo que nos traz a paz estava sobre ele, e, pelas suas pisaduras, fomos sarados. **"Isaías 53:5"**

Sara-me, SENHOR, e sararei; salva-me, e serei salvo; porque tu és o meu louvor. **"Jeremias 17:14"**

Porque restaurarei a tua saúde e sararei as tuas chagas, diz o SENHOR; pois te chamam a enjeitada, dizendo: É Sião, por quem ninguém pergunta. **"Jeremias 30:17"**

E percorria Jesus toda a Galiléia, ensinando nas suas sinagogas, e pregando o evangelho do Reino, e curando todas as enfermidades e moléstias entre o povo.

E a sua fama correu por toda a Síria; e traziam-lhe todos os que padeciam acometidos de várias enfermidades e tormentos, os endemoninhados, os lunáticos e os paralíticos, e ele os curava. **"Mateus 4:23,24"**

Ora, para que saibais que o Filho do Homem tem na terra autoridade para perdoar pecados disse então ao paralítico: Levanta-te, toma a tua cama e vai para tua casa.

E, levantando-se, foi para sua casa. **"Mateus 9:6,7"**

E, quando chegou à casa, os cegos se aproximaram dele; e Jesus disse-lhes: Credes vós que eu possa fazer isto?

Disseram-lhe eles: Sim, Senhor.

Tocou então os olhos deles, dizendo: Seja-vos feito segundo a vossa fé.

E os olhos se lhes abriram. E Jesus ameaçou-os, dizendo: Olhai que ninguém o saiba. ***"Mateus 9:28-30"***

Levando ele mesmo em seu corpo os nossos pecados sobre o madeiro, para que, mortos para os pecados, pudéssemos viver para a justiça; e pelas suas feridas fostes sarados. ***" 1 Pedro 2:24"***

Está doente algum de vós? Chame os anciãos da igreja, e estes orem sobre ele, ungido-o com óleo em nome do SENHOR.

E a oração da fé salvará o doente, e o SENHOR o levantará; e, se houver cometido pecados, ser-lhe-ão perdoados.

Confessai, portanto, os vossos pecados uns aos outros, e orai uns pelos outros, para serdes curados. A súplica de um justo pode muito na sua atuação. ***"Tiago 5:14-16"***

Esperança

Por causa da esperança que vos está reservada nos céus, da qual já antes ouvistes pela palavra da verdade do evangelho, ***"Colossenses 1:5"***

Aos quais Deus quis fazer conhecer quais são as riquezas da glória deste mistério entre os gentios, que é Cristo em vós, esperança da glória; ***"Colossenses 1:27"***

E qualquer que nele tem esta esperança purifica-se a si mesmo, como também ele é puro. ***"1 João 3:3"***

Bendito seja o Deus e Pai de nosso Senhor Jesus Cristo que, segundo a sua grande misericórdia, nos gerou de novo para uma viva esperança, pela ressurreição de Jesus Cristo dentre os mortos, ***"1 Pedro 1:3"***

Portanto, cingindo os lombos do vosso entendimento, sede sóbrios, e esperai inteiramente na graça que se vos ofereceu na revelação de Jesus Cristo; ***"1 Pedro 1:13"***

E por ele credes em Deus, que o ressuscitou dentre os mortos, e lhe deu glória, para que a vossa fé e esperança estivessem em Deus; ***"1 Pedro 1:21"***

Pela sua própria malícia é lançado fora o perverso, mas o justo até na morte se mantém confiante. ***"Provérbios 14:32"***

Esforçai-vos, e fortaleça-se o vosso coração, vós todos os que esperais no SENHOR. ***"Salmos 31:24"***

Por que estás abatida, ó minha alma, e por que te perturbas dentro de mim? Espera em Deus, pois ainda o louvarei, a ele que é o meu socorro, e o meu Deus. ***"Salmos 42:11"***

Pois tu és a minha esperança, SENHOR Deus; tu és a minha confiança desde a minha mocidade. ***"Salmos 71:5"***

Espírito Santo

E porei dentro de vós o meu espírito e farei que andeis nos meus estatutos, e guardeis os meus juízos, e os observeis. ***"Ezequiel 36:27"***

...para que a bênção de Abraão chegasse aos gentios por Jesus Cristo e para que, pela fé, nós recebamos a promessa do Espírito. ***"Gálatas 3:14"***

Quanto a mim, este é o meu concerto com eles, diz o SENHOR: o meu Espírito, que está sobre ti, e as minhas palavras, que pus na tua boca, não se desviarão da tua boca, nem da boca da tua posteridade, nem da boca da posteridade da tua posteridade, diz o SENHOR, desde agora e para todo o sempre. ***"Isaías 59:21"***

E a unção que vós recebestes dele fica em vós, e não tendes necessidade de que alguém vos ensine; mas, como a sua unção vos ensina todas as coisas, e é verdadeira, e não é mentira, como ela vos ensinou, assim nele permanecereis. ***"1 João 2:27"***

Mas aquele que beber da água que eu lhe der nunca terá sede, porque a água que eu lhe der se fará nele uma fonte de água que salte para a vida eterna. ***"João 4:14"***

Quem crê em mim, como diz a Escritura, rios de água viva correrão do seu ventre.

E isto disse ele do Espírito que haviam de receber os que nele cressem; porque o Espírito Santo ainda não fora dado, por ainda Jesus não ter sido glorificado. ***"João 7:38,39"***

E eu rogarei ao Pai, e ele vos dará outro Consolador, para que fique convosco para sempre;

O Espírito de verdade, que o mundo não pode receber, porque não o vê nem o conhece; mas vós o conheceis, porque habita convosco, e estará em vós. ***"João 14:16,17"***

Mas, quando vier aquele, o Espírito de verdade, ele vos guiará em toda a verdade; porque não falará de si mesmo, mas dirá tudo o que tiver ouvido, e vos anunciará o que há de vir. ***"João 16:13"***

Pois, se vós, sendo maus, sabeis dar boas dádivas aos vossos filhos, quanto mais dará o Pai celestial o Espírito Santo àqueles que lhes pedirem? ***"Lucas 11:13"***

Atentai para a minha repreensão; pois eis que vos derramarei abundantemente do meu espírito e vos farei saber as minhas palavras. ***"Provérbios 1:23"***

Porque não recebestes o espírito de escravidão, para outra vez estardes com temor, mas recebestes o espírito de adoção, pelo qual clamamos: Aba, Pai! ***"Romanos 8:15"***

Do mesmo modo também o Espírito nos ajuda na fraqueza; porque não sabemos o que havemos de pedir como convém, mas o Espírito mesmo intercede por nós com gemidos inexprimíveis.

E aquele que esquadrinha os corações sabe qual é a intenção do Espírito: que ele, segundo a vontade de Deus, intercede pelos santos. ***"Romanos 8:26,27"***

...porque o reino de Deus não consiste no comer e no beber, mas na justiça, na paz, e na alegria no Espírito Santo. ***"Romanos 14:17"***

Fé

Como, pois, recebestes o Senhor Jesus Cristo, assim também andai nele,

...arraigados e edificados nele, e confirmados na fé, assim como fostes ensinados, nela abundando em ação de graças. **"Colossenses 2:6,7"**

(Porque andamos por fé, e não por vista). **"2 Coríntios 5:7"**

Vigiai, estai firmes na fé, portai-vos varonilmente, sede fortes. **"1 Coríntios 16:13"**

Porque pela graça sois salvos, por meio da fé; e isso não vem de vós; é dom de Deus. **"Efézios 2:8"**

...para que Cristo habite, pela fé, no vosso coração; a fim de, estando arraigados e fundados em amor,

...poderdes perfeitamente compreender, com todos os santos, qual seja a largura, e o comprimento, e a altura, e a profundidade,

...e conhecer o amor de Cristo, que excede todo entendimento, para que sejais cheios de toda a plenitude de Deus. **"Efézios 3:17-19"**

Já estou crucificado com Cristo; e vivo, não mais eu, mas Cristo vive em mim; e a vida que agora vivo na carne vivo-a na fé do Filho de Deus, o qual me amou e se entregou a si mesmo por mim. **"Gálatas 2:20"**

Porque todos sois filhos de Deus pela fé em Cristo Jesus; **"Gálatas 3:26"**

Mas o fruto do Espírito é: caridade, gozo, paz, longanimidade, benignidade, bondade, fé, mansidão, temperança.

Contra essas coisas não há lei. ***"Gálatas 5:22,23"***

Ora, a fé é o firme fundamento das coisas que se esperam e a prova das coisas que se não vêem. ***"Hebreus 11:1"***

Ora, sem fé é impossível agradar-lhe, porque é necessário que aquele que se aproxima de Deus creia que ele existe e que é galardoador dos que o buscam. ***"Hebreus 11:6"***

Portanto, nós também, pois, que estamos rodeados de uma tão grande nuvem de testemunhas, deixemos todo embaraço e o pecado que tão de perto nos rodeia e corramos, com paciência, a carreira que nos está proposta,

...olhando para Jesus, autor e consumador da fé, o qual, pelo gozo que lhe estava proposto, suportou a cruz, desprezando a afronta, e assentou-se à destra do trono de Deus. ***"Hebreus 12:1,2"***

E Jesus, respondendo, disse-lhes: Tende fé em Deus,

...porque em verdade vos digo que qualquer que disser a este monte: Ergue-te e lança-te no mar, e não duvidar em seu coração, mas crer que se fará aquilo que diz, tudo o que disser lhe será feito. ***"Marcos 11:22,23"***

Ora, se algum de vós tem falta de sabedoria, peça-a a Deus, que a todos dá liberalmente e não censura, e ser-lhe-á dada.

Peça-a, porém, com fé, não duvidando; pois aquele que duvida é semelhante à onda do mar, que é sublevada e agitada pelo vento. ***"Tiago 1:5,6"***

Tu, porém, permanece naquilo que aprendeste, e de que foste inteirado, sabendo de quem o tens aprendido,

...e que desde a tua meninice sabes as sagradas Escrituras, que podem fazer-te sábio para a salvação, pela fé que há em Cristo Jesus. ***"2 Timóteo 3:14,15"***

Fertilidade

Hão de vir, e exultarão na altura de Sião, e correrão aos bens do SENHOR: o trigo, e o mosto, e o azeite, e os cordeiros, e os bezerros; e a sua alma será como um jardim regado, e nunca mais andarão tristes. ***"Jeremias 31:12"***

EU sou a videira verdadeira, e meu Pai é o lavrador.
Toda a vara em mim, que não dá fruto, a tira; e limpa toda aquela que dá fruto, para que dê mais fruto.
Vós já estais limpos, pela palavra que vos tenho falado.
Estai em mim, e eu em vós; como a vara de si mesma não pode dar fruto, se não estiver na videira, assim também vós, se não estiverdes em mim.
Eu sou a videira, vós as varas; quem está em mim, e eu nele, esse dá muito fruto; porque sem mim nada podeis fazer. ***"João 15:1-5"***

Eu serei para Israel como o orvalho. Ele florescerá como o lírio e lançará as suas raízes como o Líbano. ***"Oséias 14:5"***

Porque, se em vós houver e abundarem estas coisas, não vos deixarão ociosos nem estéreis no conhecimento de nosso Senhor Jesus Cristo. ***"2 Pedro 1:8"***

Pois será como a árvore plantada junto às correntes de águas, a qual dá o seu fruto na estação própria, e cuja folha não cai; e tudo quanto fizer prosperará. ***"Salmos 1:3"***

Na velhice ainda darão frutos, serão viçosos e florescentes, ***"Salmos 92:14"***

Fidelidade divina

Porque todas quantas promessas há de Deus, são nele sim, e por ele o Amém, para glória de Deus por nós. ***"2 Coríntios 1:20"***

Porquanto o SENHOR, teu Deus, é Deus misericordioso; e não te desamparará, nem te destruirá, nem se esquecerá do concerto que jurou a teus pais. ***"Deuteronômio 4:31"***

Saberás, pois, que o SENHOR, teu Deus, é Deus, o Deus fiel, que guarda o concerto e a misericórdia até mil gerações aos que o amam e guardam os seus mandamentos; ***"Deuteronômio 7:9"***

...retenhamos firmes a confissão da nossa esperança, porque fiel é o que prometeu. ***"Hebreus 10:23"***

Ó SENHOR, tu és o meu Deus; exaltar-te-ei e louvarei o teu nome, porque fizeste maravilhas; os teus conselhos antigos são verdade e firmeza. ***"Isaías 25:1"***

...que chamo a ave de rapina desde o Oriente e o homem do meu conselho, desde terras remotas; porque assim o disse, e assim acontecerá; eu o determinei e também o farei. ***"Isaías 46:11"***

Porque as montanhas se desviarão e os outeiros tremerão; mas a minha benignidade não se desviará de ti, e o concerto da minha paz não mudará, diz o SENHOR, que se compadece de ti. ***"Isaías 54:10"***

Deus não é homem, para que minta; nem filho do homem, para que se arrependa; porventura diria ele, e não o faria? Ou falaria, e não o confirmaria? ***"Números 23:19"***

O Senhor não retarda a sua promessa, ainda que alguns a têm por tardia; mas é longânimo para conosco, não querendo que alguns se percam, senão que todos venham a arrepender-se. ***"2 Pedro 3:9"***

Bendito seja o SENHOR, que deu repouso ao seu povo Israel, segundo tudo o que disse; não falhou nem sequer uma de todas as boas palavras que falou por intermédio de Moisés, seu servo. ***"1 Reis 8:56"***

Em ti confiam os que conhecem o teu nome; porque tu, SENHOR, não abandonas aqueles que te buscam. ***"Salmos 9:10"***

Não violarei o meu pacto, nem alterarei o que saiu dos meus lábios. ***"Salmos 89:34"***

Lembra-se perpetuamente do seu pacto, da palavra que ordenou para mil gerações; ***"Salmos 105:8"***

Para sempre, ó SENHOR, a tua palavra está firmada nos céus.
A tua fidelidade estende-se de geração a geração; tu firmaste a terra, e firme permanece. ***"Salmos 119:89,90"***

A soma da tua palavra é a verdade, e cada uma das tuas justas ordenanças dura para sempre. ***"Salmos 119:160"***

Também aquele que é a Força de Israel não mente nem se arrepende, por quanto não é homem para que se arrependa. ***"1 Samuel 15:29"***

Se formos infiéis, ele permanece fiel; não pode negar-se a si mesmo. ***"2 Timóteo 2:13"***

Fofocas

Não andarás como mexeriqueiro entre o teu povo; não te porás contra o sangue do teu próximo. Eu sou o SENHOR. ***"Levítico 19:16"***

O mexeriqueiro revela o segredo, mas o fiel de espírito o mantém em oculto. ***"Provérbios 11:13"***

O homem perverso instiga a contenda, e o intrigante separa os maiores amigos. ***"Provérbios 16:28"***

As palavras do mexeriqueiro são como doces bocados; elas descem ao íntimo do ventre. ***"Provérbios 18:8"***

O que anda tagarelando revela o segredo; não te intrometas com o que lisonjeia com os seus lábios. ***"Provérbios 20:19"***

O vento norte traz chuva, e a língua caluniadora, o rosto irado. ***"Provérbios 25:23"***

Faltando lenha, apaga-se o fogo; e não havendo difamador, cessa a contenda.

Como o carvão para as brasas, e a lenha para o fogo, assim é o homem contencioso para acender rixas.

As palavras do difamador são como bocados deliciosos, que descem ao íntimo do ventre. ***"Provérbios 26:20-22"***

Guarda a tua língua do mal, e os teus lábios de falarem dolosamente. ***"Salmos 34:13"***

A tua língua maquina planos de destruição, como uma navalha afiada, ó tu que usas de dolo. ***"Salmos 52:2"***

Graça

Que já chegou a vós, como também está em todo o mundo; e já vai frutificando, como também entre vós, desde o dia em que ouvistes e conhecestes a graça de Deus em verdade; ***"Colossenses 1:6"***

Mas todos nós, com rosto descoberto, refletindo como um espelho a glória do SENHOR, somos transformados de glória em glória na mesma imagem, como pelo Espírito do SENHOR. ***"2 Coríntios 3:18"***

E peço isto: que a vossa caridade aumente mais e mais em ciência e em todo o conhecimento. ***"Filipenses 1:9"***

...cheios de frutos de justiça, que são por Jesus Cristo, para glória e louvor de Deus. ***"Filipenses 1:11"***

...prossigo para o alvo, pelo prêmio da soberana vocação de Deus em Cristo Jesus.
Pelo que todos quantos somos perfeitos tenhamos este sentimento; e, se sentis alguma coisa de modo diverso, Deus também vo-lo revelará.
Mas, naquilo a que já chegamos, andemos segundo a mesma regra e sintamos o mesmo. ***"Filipenses 3:14-16"***

O que encobre a transgressão busca a amizade, mas o que renova a questão separa os maiores amigos. ***"Jó 17:9"***

Nisto é glorificado meu Pai, que deis muito fruto; e assim sereis meus discípulos. ***"João 15:8"***

E vós também, pondo nisto mesmo toda a diligência,

acrescentai à vossa fé a virtude, e à virtude a ciência, ***"2 Pedro 1:5"***

Mas a vereda dos justos é como a luz da aurora, que vai brilhando mais e mais até ser dia perfeito. ***"Provérbios 4:18"***

O SENHOR aperfeiçoará o que me diz respeito. A tua benignidade, ó SENHOR, dura para sempre; não abandones as obras das tuas mãos. ***"Salmos 138:8"***

Sempre devemos, irmãos, dar graças a Deus por vós, como é justo, porque a vossa fé cresce muitíssimo e o amor de cada um de vós aumenta de uns para com os outros, ***"2 Tessalonicenses 1:3"***

Finalmente, irmãos, vos rogamos e exortamos no Senhor Jesus que, como aprendestes de nós de que maneira deveis andar e agradar a Deus, assim como estais fazendo, nisso mesmo abundeis cada vez mais. ***"1 Tessalonicenses 4:1"***

Guia

O seu Deus o ensina e o instrui acerca do que há de fazer. **"Isaías 28:26"**

Os teus ouvidos ouvirão a palavra que está por detrás de ti, dizendo: Este é o caminho; andai nele, sem vos desviardes nem para a direita nem para a esquerda. **"Isaías 30:21"**

E guiarei os cegos por um caminho que nunca conheceram, fá-los-ei caminhar por veredas que não conheceram; tornarei as trevas em luz perante eles e as coisas tortas farei direitas. Essas coisas lhes farei e nunca os desampararei. **"Isaías 42:16"**

Reconhece-o em todos os teus caminhos, e ele endireitará as tuas veredas. **"Provérbios 3:6"**

A justiça do sincero endireitará o seu caminho, mas o perverso pela sua falsidade cairá. **"Provérbios 11:5"**

O coração do homem planeja o seu caminho, mas o SENHOR lhe dirige os passos. **"Provérbios 16:9"**

Confirmados pelo SENHOR são os passos do homem em cujo caminho ele se deleita; **"Salmos 37:23"**

Porque este Deus é o nosso Deus para todo o sempre; ele será nosso guia até a morte. **"Salmos 48:14"**

Todavia estou sempre contigo; tu me seguras a mão direita.

Tu me guias com o teu conselho, e depois me receberás em glória. ***"Salmos 73:23,24"***

Honestidade

...nem vos enganeis uns aos outros. Vós vos despistes do homem velho com os seus vícios,

...e vos revestistes do novo, que se vai restaurando constantemente à imagem daquele que o criou, até atingir o perfeito conhecimento. ***"Colossenses 3:9,10"***

Peso inteiro e justo terás, efa inteiro e justo terás, para que se prolonguem os teus dias na terra que te dará o SENHOR, teu Deus.

Porque abominação é ao SENHOR, teu Deus, todo aquele que faz isso, todo aquele que faz injustiça. ***"Deuteronômio 25:15,16"***

O que anda em justiça e que fala com retidão, que arremessa para longe de si o ganho de opressões, que sacode das suas mãos todo o presente; que tapa os ouvidos para não ouvir falar de sangue e fecha os olhos para não ver o mal,

...este habitará nas alturas; as fortalezas das rochas serão o seu alto refúgio, o seu pão lhe será dado, e as suas águas serão certas. ***"Isaías 33:15,16"***

Não furtareis, nem mentireis, nem usareis de falsidade cada um com o seu próximo; ***"Levítico 19:11"***

Não cometereis injustiça no juízo, nem na vara, nem no peso, nem na medida. ***"Levítico 19:35"***

E, quando venderdes alguma coisa ao vosso próximo ou a comprardes da mão do vosso próximo, ninguém oprima a seu irmão. ***"Levítico 25:14"***

Ninguém, pois, oprima ao seu próximo; mas terás temor do teu Deus; porque eu sou o SENHOR, vosso Deus. **"*Levítico 25:17*"**

Ainda há na casa do ímpio tesouros da impiedade, e medida escassa, que é detestável?

Seria eu limpo com balanças falsas, e com uma bolsa de pesos enganosos?

Porque os seus ricos estão cheios de violência, e os seus habitantes falam mentiras e a sua língua é enganosa na sua boca. **"*Miquéias 6:10-12*"**

Não deixes de fazer bem a quem o merece, estando em tuas mãos a capacidade de fazê-lo. **"*Provérbios 3:27*"**

BALANÇA enganosa é abominação para o SENHOR, mas o peso justo é o seu prazer. **"*Provérbios 11:1*"**

Melhor é o pouco com justiça, do que a abundância de bens com injustiça. **"*Provérbios 16:8*"**

O ímpio toma emprestado, e não paga; mas o justo se compadece e dá. **"*Salmos 37:21*"**

Ninguém iluda ou defraude nisso a seu irmão, porque o SENHOR é vingador de todas estas coisas, como também antes vo-lo dissemos e testificamos.

Porque Deus não nos chamou para a imundícia, mas para a santificação. **"*1 Tessalonicenses 4:6,7*"**

Honra própria

Aquele, porém, que se gloria, glorie-se no SENHOR.

Porque não é aprovado quem a si mesmo se louva, mas, sim, aquele a quem o SENHOR louva. ***"2 Coríntios 10:17,18"***

Porque, se alguém cuida ser alguma coisa, não sendo nada, engana-se a si mesmo. ***"Gálatas 6:3"***

Ai dos que são sábios a seus próprios olhos e prudentes diante de si mesmos! ***"Isaías 5:21"***

Mas todos nós somos como o imundo, e todas as nossas justiças, como trapo da imundícia; e todos nós caímos como a folha, e as nossas culpas, como um vento, nos arrebatam. ***"Isaías 64:6"***

Na verdade tu falaste aos meus ouvidos; e eu ouvi a voz das tuas palavras.

Dizias: - Limpo estou, sem transgressão; puro sou, e não tenho iniqüidade. ***"Jó 33:8,9"***

Tens por direito dizeres: Maior é a minha justiça do que a de Deus? ***"Jó 35:2"***

Certo é que Deus não ouvirá a vaidade, nem atentará para ela o Todo-Poderoso. ***"Jó 35:13"***

Disse-lhes Jesus: Se fôsseis cegos, não teríeis pecado; mas como agora dizeis: Vemos; por isso o vosso pecado permanece. ***"João 9:41"***

E disse-lhes: Vós sois os que vos justificais a vós mesmos diante dos homens, mas Deus conhece o vosso coração, porque o que entre os homens é elevado perante Deus é abominação. ***"Lucas 16:15"***

Vês um homem que é sábio a seus próprios olhos? Maior esperança há para o tolo do que para ele. ***"Provérbios 26:12"***

Seja outro o que te louve, e não a tua boca; o estranho, e não os teus lábios. ***"Provérbios 27:2"***

O cobiçoso levanta contendas; mas o que confia no SENHOR prosperará.

O que confia no seu próprio coração é insensato; mas o que anda sabiamente será livre. ***"Provérbios 28:25,26"***

Hospitalidade

Em tudo vos dei o exemplo de que assim trabalhando, é necessário socorrer os enfermos, recordando as palavras do Senhor Jesus, porquanto ele mesmo disse: Coisa mais bem-aventurada é dar do que receber. ***"Atos 20:35"***

Mas, não digo isto para que os outros tenham alívio, e vós opressão,

Mas para igualdade; neste tempo presente, a vossa abundância supra a falta dos outros, para que também a sua abundância supra a vossa falta, e haja igualdade; ***"2 Coríntios 8:13,14"***

Não vos esqueçais da hospitalidade, porque, por ela, alguns, não o sabendo, hospedaram anjos. ***"Hebreus 13:2"***

Quem, pois, tiver bens do mundo e, vendo o seu irmão necessitado, lhe cerrar o seu coração, como estará nele a caridade de Deus? ***"1 João 3:17"***

Porquanto qualquer que vos der a beber um copo de água em meu nome, porque sois discípulos de Cristo, em verdade vos digo que não perderá o seu galardão. ***"Marcos 9:41"***

...porque tive fome, e destes-me de comer; tive sede, e destes-me de beber; era estrangeiro, e hospedastes-me;

...estava nu, e vestistes-me; adoeci, e visitastes-me; estive na prisão, e fostes ver-me. ***"Mateus 25:35,36"***

E, respondendo o Rei, lhes dirá: Em verdade vos digo que, quando o fizestes a um destes meus pequeninos irmãos, a mim o fizestes. ***"Mateus 25:40"***

Sendo hospitaleiros uns para com os outros, sem murmurações,

Cada um administre aos outros o dom como o recebeu, como bons despenseiros da multiforme graça de Deus. ***"1 Pedro 4:9,10"***

...acudi aos santos nas suas necessidades, exercei a hospitalidade; ***"Romanos 12:13"***

Se um irmão ou uma irmã estiverem nus e tiverem falta de mantimento cotidiano.

...e algum de vós lhes disser: Ide em paz, aquentai-vos e fartai-vos; e não lhes derdes as coisas necessárias para o corpo, que proveito há nisso? ***"Tiago 2:15,16"***

Humildade

Quando te abaterem, então tu dirás: Haja exaltação! E Deus salvará ao humilde. ***"Jó 22:29"***

Portanto, aquele que se tornar humilde como esta criança, esse é o maior no Reino dos céus. ***"Mateus 18:4"***

E o que a si mesmo se exaltar será humilhado; e o que a si mesmo se humilhar será exaltado. ***"Mateus 23:12"***

Humilhai-vos, pois, debaixo da potente mão de Deus, para que a seu tempo vos exalte; ***"1 Pedro 5:6"***

Certamente ele escarnecerá dos escarnecedores, mas dará graça aos mansos. ***"Provérbios 3:34"***

O temor do SENHOR é a instrução da sabedoria, e precedendo a honra vai a humildade. ***"Povérbios 15:33"***

Melhor é ser humilde de espírito com os mansos, do que repartir o despojo com os soberbos. ***"Provérbios 16:19"***

O galardão da humildade e o temor do SENHOR são riquezas, honra e vida. ***"Provérbios 22:4"***

A soberba do homem o abaterá; mas o humilde de espírito obterá honra. ***"Provérbios 29:23"***

Pois ele, o vingador do sangue, se lembra deles; não se esquece do clamor dos aflitos. ***"Salmos 9:12"***

Tu, SENHOR, ouvirás os desejos dos mansos;

confortarás o seu coração; inclinarás o teu ouvido, ***"Salmos 10:17"***

Todavia, dá maior graça. Portanto diz: Deus resiste aos soberbos; dá, porém, graça aos humildes. ***"Tiago 4:6"***

Inimigos

...porque eu estou contigo e ninguém te acometerá para te fazer mal, pois tenho muito povo nesta cidade. ***"Atos 18:10"***

...pois o SENHOR, vosso Deus, é o que vai convosco, a pelejar contra os vossos inimigos, para salvar-vos. ***"Deuteronômio 20:4"***

O SENHOR entregará os teus inimigos que se levantarem contra ti feridos diante de ti; por um caminho sairão contra ti, mas por sete caminhos fugirão diante de ti. ***"Deuteronômio 28:7"***

E, assim, com confiança, ousemos dizer: O SENHOR é o meu ajudador, e não temerei o que me possa fazer o homem. ***"Hebreus 13:6"***

Eis que envergonhados e confundidos serão todos os que se irritaram contra ti; tornar-se-ão nada; e os que ...buscá-los-ás, mas não os acharás; e os que pelejarem contigo tornar-se-ão nada, e como coisa que não é nada, os que guerrearem contigo. contenderem contigo perecerão. ***"Isaías 41:11,12"***

Eis que poderão vir a juntar-se, mas não será por mim; quem se ajuntar contra ti, cairá por amor de ti. ***"Isaías 54:15"***

Toda ferramenta preparada contra ti não prosperará; e toda língua que se levantar contra ti em juízo, tu a condenarás; esta é a herança dos servos do SENHOR e a sua justiça que vem de mim, diz o SENHOR. ***"Isaías 54:17"***

A ti, porém, eu livrarei naquele dia, diz o SENHOR, e não serás entregue nas mãos dos homens perante cuja face tu temes.

Porque, certamente, te salvarei, e não cairás à espada; mas a tua alma terás por despojo, porquanto confiaste em mim, diz o SENHOR. **"Jeremias 39:17,18"**

Na fome te livrará da morte; e na guerra, da violência da espada. **"Jó 5:20"**

Os que te odeiam se vestirão de confusão, e a tenda dos ímpios não existirá mais. **"Jó 8:22"**

...para nos livrar dos nossos inimigos e das mãos de todos os que nos aborrecem **"Lucas 1:71"**

...de conceder-nos que, libertados das mãos de nossos inimigos, o servíssemos sem temor, **"Lucas 1:74"**

E Deus não fará justiça aos seus escolhidos, que clamam a ele de dia e de noite, ainda que tardio para com eles? **"Lucas 18:7"**

Não temas o pavor repentino, nem a investida dos perversos quando vier.

Porque o SENHOR será a tua esperança; guardará os teus pés de serem capturados. **"Provérbios 3:25,26"**

Sendo os caminhos do homem agradáveis ao SENHOR, até a seus inimigos faz que tenham paz com ele. **"Provérbios 16:7"**

E ele disse: Não temas; porque mais são os que estão conosco do que os que estão com eles. **"2 Reis 6:16"**

Mas ao SENHOR vosso Deus temereis, e ele vos livrará das mãos de todos os vossos inimigos. **"2 Reis 17:39"**

Pois no dia da adversidade me esconderá no seu pavilhão; no recôndito do seu tabernáculo me esconderá; sobre uma rocha me elevará.

E agora será exaltada a minha cabeça acima dos meus inimigos que estão ao redor de mim; e no seu tabernáculo oferecerei sacrifícios de júbilo; cantarei, sim, cantarei louvores ao SENHOR. **"Salmos 27:5,6"**

E o SENHOR os ajuda e os livra; ele os livra dos ímpios e os salva, porquanto nele se refugiam. **"Salmos 37:40"**

Em Deus faremos proezas; porque é ele quem calcará aos pés os nossos inimigos. **"Salmos 60:12"**

O SENHOR ama aos que odeiam o mal; ele preserva as almas dos seus santos, ele os livra das mãos dos ímpios. **"Salmos 97:10"**

O seu coração está bem firmado, ele não terá medo, até que veja cumprido o seu desejo sobre os seus adversários. **"Salmos 112:8"**

O SENHOR é por mim entre os que me ajudam; pelo que verei cumprido o meu desejo sobre os que me odeiam. **"Salmos 118:7"**

Porque o cetro da impiedade não repousará sobre a sorte dos justos, para que os justos não estendam as suas mãos para cometer a iniqüidade. **"Salmos 125:3"**

Inveja

Ninguém busque o proveito próprio; antes cada um o que é de outrem. ***"1 Coríntios 10:24"***

E não cobiçarás a mulher do teu próximo; e não desejarás a casa do teu próximo, nem o seu campo, nem o seu servo, nem a sua serva, nem o seu boi, nem o seu jumento, nem coisa alguma do teu próximo. ***"Deuteronômio 5:21"***

Também vi eu que todo trabalho e toda destreza em obras trazem ao homem a inveja do seu próximo. Também isso é vaidade e aflição de espírito. ***"Eclisiastes 4:4"***

Não sejamos cobiçosos de vanglórias, irritando-nos uns aos outros, invejando-nos uns aos outros. ***"Gálatas 5:26"***

E disse aos seus discípulos: Portanto, vos digo: não estejais apreensivos pela vossa vida, sobre o que comereis, nem pelo corpo, sobre o que vestireis.

Mais é a vida do que o sustento, e o corpo, mais do que as vestes. ***"Lucas 12:22,23"***

Não tenhas inveja do homem violento, nem escolhas nenhum dos seus caminhos. ***"Provérbios 3:31"***

O sentimento sadio é vida para o corpo, mas a inveja é podridão para os ossos. ***"Provérbios 14:30"***

Não tenhas inveja dos pecadores; antes conserva-te no temor do SENHOR todo o dia.

Porque deveras terás uma recompensa; não será

malograda a tua esperança. ***"Provérbios 23:17,18"***

Não tenhas inveja dos homens malignos; nem desejes estar com eles; ***"Provérbios 24:1"***

Cruel é o furor, e impetuosa é a ira; mas quem pode resistir à inveja? ***"Provérbios 27:4"***

Pois o ímpio gloria-se do desejo do seu coração, e o que é dado à rapina despreza e maldiz o SENHOR. ***"Salmos 10:3"***

Descansa no SENHOR, e espera nele; não te enfades por causa daquele que prospera em seu caminho, por causa do homem que executa maus desígnios. ***"Salmos 37:7"***

Mas, se tendes amargo ciúme e sentimento faccioso em vosso coração, não vos glorieis, nem mintais contra a verdade. ***"Tiago 3:14"***

Porque onde há ciúme e sentimento faccioso, aí há confusão e toda obra má. ***"Tiago 3:16"***

Ou pensais que em vão diz a escritura: O Espírito que ele fez habitar em nós anseia por nós até o ciúme? ***"Tiago 4:5"***

Ira

Agora, porém, deixai de lado todas estas coisas: ira, animosidade, maledicência, maldade, palavras torpes da vossa boca, **"Colossenses 3:8"**

Pais, deixai de irritar vossos filhos, para que não se tornem desanimados. **"Colossenses 3:21"**

Não te apresses no teu espírito a irar-te, porque a ira abriga-se no seio dos tolos. **"Eclesiastes 7:9"**

Irai-vos e não pequeis; não se ponha o sol sobre a vossa ira. **"Efésios 4:26"**

Toda amargura, e ira, e cólera, e gritaria, e blasfêmias, e toda malícia seja tirada de entre vós.

Antes, sede uns para com os outros benignos, misericordiosos, perdoando-vos uns aos outros, como também Deus vos perdoou em Cristo. **"Efésios 4:31,32"**

Eu, porém, vos digo que qualquer que, sem motivo, se encolerizar contra seu irmão será réu de juízo, e qualquer que chamar a seu irmão de raca será réu do Sinédrio; e qualquer que lhe chamar de louco será réu do fogo do inferno. **"Mateus 5:22"**

E recusaram ouvir-te, e não se lembraram das tuas maravilhas, que lhes fizeste, e endureceram a sua cerviz e, na sua rebelião, levantaram um capitão, a fim de voltarem para a sua servidão; porém tu, ó Deus perdoador, clemente e misericordioso, tardio em irar-te, e grande em beneficência, tu não os desamparaste. **"Neemias 9:17"**

O que se indigna à toa fará doidices, e o homem de maus intentos será odiado. ***"Provérbios 14:17"***

A RESPOSTA branda desvia o furor, mas a palavra dura suscita a ira. ***"Provérbios 15:1"***

O homem iracundo suscita contendas, mas o longânimo apaziguará a luta. ***"Provérbios 15:18"***

Melhor é o que tarda em irar-se do que o poderoso, e o que controla o seu ânimo do que aquele que toma uma cidade. ***"Provérbios 16:32"***

A prudência do homem faz reter a sua ira, e é glória sua o passar por cima da transgressão. ***"Provérbios 19:11"***

É melhor morar numa terra deserta do que com a mulher rixosa e irritadiça. ***"Provérbios 21:19"***

Não sejas companheiro do homem briguento nem andes com o colérico,

...para que não aprendas as suas veredas, e tomes um laço para a tua alma. ***"Provérbios 22:24,25"***

Se o teu inimigo tiver fome, dá-lhe pão para comer, e se tiver sede, dá-lhe água para beber;

...porque assim lhe amontoarás brasas sobre a cabeça, e o SENHOR te recompensará. ***"Provérbios 25:21,22"***

Cruel é o furor, e impetuosa é a ira; mas quem pode resistir à inveja? ***"Provérbios 27:4"***

O homem iracundo levanta contendas, e o furioso multiplica as transgressões. ***"Provérbios 29:22"***

Não vos vingueis a vós mesmos, amados, mas dai lugar

à ira de Deus, porque está escrito: Minha é a vingança, eu retribuirei, diz o SENHOR.

Antes, se o teu inimigo tiver fome, dá-lhe de comer; se tiver sede, dá-lhe de beber; porque, fazendo isto amontoarás brasas de fogo sobre a sua cabeça.

Não te deixes vencer do mal, mas vence o mal com o bem. ***"Romanos 12:19-21"***

Porque a sua ira dura só um momento; no seu favor está a vida. O choro pode durar uma noite; pela manhã, porém, vem o cântico de júbilo. ***"Salmos 30:5"***

Deixa a ira, e abandona o furor; não te enfades, pois isso só leva à prática do mal. ***"Salmos 37:8"***

Bondoso e compassivo é o SENHOR, tardio em irar-se, e de grande benignidade. ***"Salmos 145:8"***

Sabei isto, meus amados irmãos: Todo homem seja pronto para ouvir, tardio para falar e tardio para se irar.

Porque a ira do homem não opera a justiça de Deus. ***"Tiago 1:19,20"***

Justiça

...seja Paulo, ou Apolo, ou Cefas; seja o mundo, ou a vida, ou a morte; sejam as coisas presentes, ou as vindouras, tudo é vosso,

...e vós de Cristo, e Cristo de Deus. ***"1 Coríntios 3:22,23"***

Dizei aos justos que bem lhes irá, porque comerão do fruto das suas obras. ***"Isaías 3:10"***

Mas buscai primeiro o Reino de Deus, e a sua justiça, e todas essas coisas vos serão acrescentadas. ***"Mateus 6:33"***

Aquilo que o perverso teme sobrevirá a ele, mas o desejo dos justos será concedido. ***"Provérbios 10:24"***

Aquele que confia nas suas riquezas cairá, mas os justos reverdecerão como a folhagem. ***"Provérbios 11:28"***

O homem de bem alcançará o favor do SENHOR, mas ao homem de intenções perversas ele condenará. ***"Provérbios 12:2"***

O mal perseguirá os pecadores, mas os justos serão galardoados com o bem. ***"Provérbios 13:21"***

Aquele que nem mesmo a seu próprio Filho poupou, antes o entregou por todos nós, como não nos dará também com ele todas as coisas? ***"Romanos 8:32"***

A salvação vem do SENHOR; sobre o teu povo seja a tua bênção. ***"Salmos 3:8"***

Pois tu, SENHOR, abençoas o justo; tu o circundas do teu favor como de um escudo. ***"Salmos 5:12"***

Certamente que a bondade e a misericórdia me seguirão todos os dias da minha vida, e habitarei na casa do SENHOR por longos dias. ***"Salmos 23:6"***

Os leõezinhos necessitam e sofrem fome, mas àqueles que buscam ao SENHOR, bem algum lhes faltará. ***"Salmos 34:10"***

Então dirão os homens: Deveras há uma recompensa para o justo; deveras há um Deus que julga na terra. ***"Salmos 58:11"***

Porquanto o SENHOR Deus é sol e escudo; o SENHOR dará graça e glória; não negará bem algum aos que andam na retidão. ***"Salmos 84:11"***

Libertação dos pecados

A ele todos os profetas dão testemunho de que todo o que nele crê receberá a remissão dos pecados pelo seu nome. **"Atos 10:43"**

Pelo que, se alguém está em Cristo, nova criatura é; as coisas velhas já passaram; eis que tudo se fez novo. **"2 Coríntios 5:17"**

Então, espalharei água pura sobre vós, e ficareis purificados; de todas as vossas imundícias e de todos os vossos ídolos vos purificarei.

E vos darei um coração novo e porei dentro de vós um espírito novo; e tirarei o coração de pedra da vossa carne e vos darei um coração de carne. **"Ezequiel 36:25,26"**

QUE diremos pois? Permaneceremos no pecado, para que a graça abunde?

De modo nenhum. Nós, que estamos mortos para o pecado, como viveremos ainda nele? **"Romanos 6:1,2"**

Sabendo isto, que o nosso homem velho foi com ele crucificado, para que o corpo do pecado seja desfeito, para que não sirvamos mais ao pecado.

Porque aquele que está morto está justificado do pecado. **"Romanos 6:6,7"**

Assim também vós considerai-vos como mortos para o pecado, mas vivos para Deus em Cristo Jesus nosso Senhor. **"Romanos 6:11"**

Porque o pecado não terá domínio sobre vós, pois não estais debaixo da lei, mas debaixo da graça. **"Romanos 6:14"**

Longevidade

Andareis em todo o caminho que vos manda o SENHOR, vosso Deus, para que vivais, e bem vos suceda, e prolongueis os dias na terra que haveis de possuir. ***"Deuterenômio 5:33"***

...para que temas ao SENHOR, teu Deus, e guardes todos os seus estatutos e mandamentos, que eu te ordeno, tu, e teu filho, e o filho de teu filho, todos os dias da tua vida; e que teus dias sejam prolongados. ***"Deuterenômio 6:2"***

E até à velhice eu serei o mesmo e ainda até às cãs eu vos trarei; eu o fiz, e eu vos levarei, e eu vos trarei e vos guardarei. ***"Isaías 46:4"***

Na velhice irás à sepultura, como se recolhe o feixe de trigo a seu tempo. ***"Jó 5:26"***

E a tua vida mais clara se levantará do que o meio dia; ainda que haja trevas, será como a manhã. ***"Jó 11:17"***

Com os idosos está a sabedoria, e na longevidade o entendimento.

Com ele está a sabedoria e a força; conselho e entendimento tem. ***"Jó 12:12,13"***

FILHO meu, não te esqueças da minha lei, e o teu coração guarde os meus mandamentos.

Porque eles aumentarão os teus dias e te acrescentarão anos de vida e paz. ***"Provérbios 3:1,2"***

Porque por meu intermédio se multiplicam os teus dias,

e anos de vida se te aumentarão. ***"Provérbios 9:11"***

O temor do SENHOR aumenta os dias, mas os perversos terão os anos da vida abreviados. ***"Provérbios 10:27"***

A coroa dos velhos são os filhos dos filhos; e a glória dos filhos são seus pais. ***"Provérbios 17:6"***

A glória do jovem é a sua força; e a beleza dos velhos são as cãs. ***"Provérbios 20:29"***

Faze-me conhecer, ó SENHOR, o meu fim, e qual a medida dos meus dias, para que eu saiba quão frágil sou.
Eis que mediste os meus dias a palmos; o tempo da minha vida é como que nada diante de ti. Na verdade, todo homem, por mais firme que esteja, é totalmente vaidade. ***"Salmos 39:4,5"***

Não me enjeites no tempo da velhice; não me desampares, quando se forem acabando as minhas forças. ***"Salmos 71:9"***

Ensinaste-me, ó Deus, desde a minha mocidade; e até aqui tenho anunciado as tuas maravilhas.
Agora, quando estou velho e de cabelos brancos, não me desampares, ó Deus, até que tenha anunciado a tua força a esta geração, e o teu poder a todos os vindouros. **"Salmos 71:17,18"**

Com longura de dias fartá-lo-ei, e lhe mostrarei a minha salvação. ***"Salmos 91:16"***

Tu, porém, fala o que convém à sã doutrina.
Exorta os velhos a que sejam temperantes, sérios,

sóbrios, sãos na fé, no amor, e na constância;

...as mulheres idosas, semelhantemente, que sejam reverentes no seu viver, não caluniadoras, não dadas a muito vinho, mestras do bem,

...para que ensinem as mulheres novas a amarem aos seus maridos e filhos,

...a serem moderadas, castas, operosas donas de casa, bondosas, submissas a seus maridos, para que a palavra de Deus não seja blasfemada. ***"Tito 2:1-5"***

Luxúria

...entre os quais todos nós também antes andávamos nos desejos da nossa carne, fazendo a vontade da carne e dos pensamentos; e éramos por natureza filhos da ira, como também os demais.

Mas Deus, sendo rico em misericórdia, pelo seu muito amor com que nos amou,

...estando nós ainda mortos em nossos delitos, nos vivificou juntamente com Cristo {pela graça sois salvos},

...e nos ressuscitou juntamente com ele, e com ele nos fez sentar nas regiões celestes em Cristo Jesus, ***"Efésios 2:3-6"***

Digo, porém: Andai em Espírito e não cumprireis a concupiscência da carne.

Porque a carne cobiça contra o Espírito, e o Espírito, contra a carne; e estes opõem-se um ao outro; para que não façais o que quereis. ***"Gálatas 5:16,17"***

E os que são de Cristo crucificaram a carne com as suas paixões e concupiscências. ***"Gálatas 5:24"***

Porque tudo o que há no mundo, a concupiscência da carne, a concupiscência dos olhos e a soberba da vida, não é do Pai, mas do mundo.

E o mundo passa, e a sua concupiscência; mas aquele que faz a vontade de Deus permanece para sempre. ***"1 João 2:16,17"***

Os quais vos diziam que nos últimos tempos haveria escarnecedores que andariam segundo as suas ímpias concupiscências.

Estes são os que causam divisões, sensuais, que não

têm o Espírito.

Mas vós, amados, edificando-vos a vós mesmos sobre a vossa santíssima fé, orando no Espírito Santo,

Conservai-vos a vós mesmos no amor de Deus, esperando a misericórdia de nosso Senhor Jesus Cristo para a vida eterna. **"Judas1:18-21"**

Ouvistes que foi dito aos antigos: Não cometerás adultério.

Eu porém, vos digo que qualquer que atentar numa mulher para a cobiçar já em seu coração cometeu adultério com ela. **"Mateus 5:27,28"**

...pelas quais ele nos tem dado as suas preciosas e grandíssimas promessas, para que por elas vos torneis participantes da natureza divina, havendo escapado da corrupção, que pela concupiscência há no mundo. **"2 Pedro 1:4"**

Como filhos obedientes, não vos conformeis às concupiscências que antes tínheis na vossa ignorância;

...mas, como é santo aquele que vos chamou, sede vós também santos em todo o vosso procedimento;

...porquanto está escrito: Sereis santos, porque eu sou santo. **"1 Pedro 1:14-16"**

Amados, peço-vos, como a peregrinos e forasteiros, que vos abstenhais das concupiscências carnais que combatem contra a alma; **"1 Pedro 2:11"**

Não cobices no teu coração a sua formosura, nem te prendas aos seus olhos.

Porque por causa duma prostituta se chega a pedir um bocado de pão; e a adúltera anda à caça da alma preciosa.

Porventura tomará alguém fogo no seu seio, sem que

suas vestes se queimem?

Ou andará alguém sobre brasas, sem que se queimem os seus pés?

Assim ficará o que entrar à mulher do seu próximo; não será inocente todo aquele que a tocar. ***"Provérbios 6:25-29"***

Assim também vós considerai-vos como mortos para o pecado, mas vivos para Deus em Cristo Jesus nosso Senhor.

Não reine, portanto, o pecado em vosso corpo mortal, para lhe obedecerdes em suas concupiscências;

Porque o pecado não terá domínio sobre vós, pois não estais debaixo da lei, mas debaixo da graça. ***"Romanos 6:11,12,14"***

Mas revesti-vos do Senhor Jesus Cristo; e não tenhais cuidado da carne em suas concupiscências. ***"Romanos 13:14"***

Ninguém, sendo tentado, diga: De Deus sou tentado; porque Deus não pode ser tentado pelo mal, e a ninguém tenta. ***"Tiago 1:13"***

Donde vêm as guerras e contendas entre vós? Porventura não vêm disto, dos vossos deleites, que nos vossos membros guerreiam?

Cobiçais e nada tendes; logo matais. Invejais, e não podeis alcançar; logo combateis e fazeis guerras. Nada tendes, porque não pedis.

Pedis e não recebeis, porque pedis mal, para o gastardes em vossos deleites.

Infiéis, não sabeis que a amizade do mundo é inimizade contra Deus? Portanto qualquer que quiser ser amigo do mundo constitui-se inimigo de Deus. ***"Tiago 4:1-4"***

Sujeitai-vos, pois, a Deus; mas resisti ao Diabo, e ele fugirá de vós.

Chegai-vos para Deus, e ele se chegará para vós. Limpai as mãos, pecadores; e, vós de espírito vacilante, purificai os corações. ***"Tiago 4:7,8"***

Foge também das paixões da mocidade; e segue a justiça, a fé, o amor, e a paz com os que, com um coração puro, invocam o SENHOR. ***"2 Timóteo 2:22"***

Porque a graça de Deus se há manifestado, trazendo salvação a todos os homens,

...ensinando-nos que, renunciando à impiedade e às concupiscências mundanas, vivamos neste presente século sóbria, e justa, e piamente, ***"Tito 2:11,12"***

Porque também nós éramos noutro tempo insensatos, desobedientes, extraviados, servindo a várias concupiscências e deleites, vivendo em malícia e inveja, odiosos, odiando-nos uns aos outros.

Mas quando apareceu a bondade de Deus, nosso Salvador e o seu amor para com os homens,

...não pelas obras de justiça que houvéssemos feito, mas segundo a sua misericórdia, nos salvou pela lavagem da regeneração e da renovação do Espírito Santo, ***"Tito 3:3-5"***

Matrimônio

Mulheres, sede submissas a vossos maridos, porque assim convém, no SENHOR.

Maridos, amai as vossas mulheres e não as trateis com aspereza. ***"Colossenses 3:18,19"***

O marido pague à mulher o que lhe é devido, e do mesmo modo a mulher ao marido. ***"1 Coríntios 7:3"***

Goza a vida com a mulher que amas, todos os dias de vida da tua vaidade; os quais Deus te deu debaixo do sol, todos os dias da tua vaidade; porque esta é a tua porção nesta vida e do teu trabalho que tu fizeste debaixo do sol. ***"Eclesiastes 9:9"***

Vós, mulheres, sujeitai-vos a vosso marido, como ao SENHOR;

...porque o marido é a cabeça da mulher, como também Cristo é a cabeça da igreja, sendo ele próprio o salvador do corpo. ***"Efésios 5:22,23"***

Vós, maridos, amai vossa mulher, como também Cristo amou a igreja e a si mesmo se entregou por ela, ***"Efésios 5:25"***

Assim devem os maridos amar a sua própria mulher como a seu próprio corpo. Quem ama a sua mulher ama-se a si mesmo. ***"Efésios 5:28"***

Por isso, deixará o homem seu pai e sua mãe e se unirá à sua mulher; e serão dois numa carne. ***"Efésios 5:31"***

Assim também vós, cada um em particular ame a sua própria mulher como a si mesmo, e a mulher reverencie o marido. ***"Efésios 5:33"***

Não tornando mal por mal, ou injúria por injúria; antes, pelo contrário, bendizendo; sabendo que para isto fostes chamados, para que por herança alcanceis a bênção. ***"1 Pedro 3:7"***

Bebe água da tua fonte, e das correntes do teu poço. ***"Provérbios 5:15"***

Seja bendito o teu manancial, e alegra-te com a mulher da tua mocidade.

Como corça amorosa, e graciosa cabra montesa saciem-te os seus seios em todo o tempo; e pelo seu amor sê encantado perpetuamente.

E porque, filho meu, te deixarias atrair por outra mulher, e te abraçarias ao peito de uma estranha? ***"Provérbios 5:18-20"***

Mas, se alguém não tem cuidado dos seus, e principalmente dos da sua família, negou a fé, e é pior do que o infiel. ***"1 Timóteo 5:8"***

Para que ensinem as mulheres novas a serem prudentes, a amarem seus maridos, a amarem seus filhos,

...a serem moderadas, castas, boas donas de casa, sujeitas a seus maridos, a fim de que a palavra de Deus não seja blasfemada. ***"Tito 2:4,5"***

Medo

E, assim, com confiança, ousemos dizer: O SENHOR é o meu ajudador, e não temerei o que me possa fazer o homem. ***"Hebreus 13:6"***

E acontecerá que, no dia em que o SENHOR vier a dar-te descanso do teu trabalho, e do teu tremor, e da dura servidão com que te fizeram servir, ***"Isaías 14:3"***

Porque eu, o SENHOR, teu Deus, te tomo pela tua mão direita e te digo: não temas, que eu te ajudo. ***"Isaías 41:13"***

Quando passares pelas águas, estarei contigo, e, quando pelos rios, eles não te submergirão; quando passares pelo fogo, não te queimarás, nem a chama arderá em ti. ***"Isaías 43:2"***

Eu, eu sou aquele que vos consola; quem pois és tu, para que temas o homem, que é mortal, ou o filho do homem, que se tornará em feno? ***"Isaías 51:12"***

Não temas, porque não serás envergonhada; e não te envergonhes, porque não serás confundida; antes, te esquecerás da vergonha da tua mocidade e não te lembrarás mais do opróbrio da tua viuvez. ***"Isaías 54:4"***

Com justiça serás confirmada e estarás longe da opressão, porque já não temerás; e também do espanto, porque não chegará a ti. ***"Isaías 54:14"***

Deixo-vos a paz, a minha paz vos dou; não vo-la dou como o mundo a dá. Não se turbe o vosso coração, nem se atemorize. ***"João 14:27"***

Não temas, ó pequeno rebanho, porque a vosso Pai agradou dar-vos o Reino. ***"Lucas 12:32"***

E disse-lhes: Por que sois tão tímidos? Ainda não tendes fé? ***"Marcos 4:40"***

E não temais os que matam o corpo e não podem matar a alma; temei, antes, aquele que pode fazer perecer no inferno a alma e o corpo. ***"Mateus 10:28"***

Mas também, se padecerdes por amor da justiça, sois bem-aventurados. E não temais com medo deles, nem vos turbeis;

Antes, santificai ao SENHOR Deus em vossos corações; e estai sempre preparados para responder com mansidão e temor a qualquer que vos pedir a razão da esperança que há em vós,

Tendo uma boa consciência, para que, naquilo em que falam mal de vós, como de malfeitores, fiquem confundidos os que blasfemam do vosso bom porte em Cristo. ***"1 Pedro 3:12-14"***

Mas o que me der ouvidos habitará em segurança, e estará livre do temor do mal. ***"Provérbios 1:33"***

Quando te deitares, não temerás; ao contrário, o teu sono será suave ao te deitares. ***"Provérbios 3:24"***

Não temas o pavor repentino, nem a investida dos perversos quando vier.

Porque o SENHOR será a tua esperança; guardará os teus pés de serem capturados. ***"Provérbios 3:25,26"***

O receio do homem lhe arma laços; mas o que confia no SENHOR está seguro. ***"Provérbios 29:25"***

Porque não recebestes o espírito de escravidão, para outra vez estardes em temor, mas recebestes o Espírito de adoção de filhos, pelo qual clamamos: Aba, Pai. ***"Romanos 8:15"***

Mas em todas estas coisas somos mais que vencedores, por aquele que nos amou.

Porque estou certo de que, nem a morte, nem a vida, nem anjos, nem principados, nem coisas presentes, nem futuras, nem potestades,

...nem a altura, nem a profundidade, nem qualquer outra criatura nos poderá separar do amor de Deus, que está em Cristo Jesus nosso Senhor. ***"Romanos 8:37-39"***

Ainda que eu ande pelo vale da sombra da morte, não temerei mal algum, porque tu estás comigo; a tua vara e o teu cajado me consolam.

Preparas uma mesa perante mim na presença dos meus inimigos; unges com óleo a minha cabeça, o meu cálice transborda. ***"Salmos 23:4,5"***

O SENHOR é a minha luz e a minha salvação; a quem temerei? O SENHOR é a força da minha vida; de quem me recearei?

Quando os malvados investiram contra mim, para comerem as minhas carnes, eles, meus adversários e meus inimigos, tropeçaram e caíram.

Ainda que um exército se acampe contra mim, o meu coração não temerá; ainda que a guerra se levante contra mim, conservarei a minha confiança. ***"Salmos 27:1-3"***

Deus é o nosso refúgio e fortaleza, socorro bem presente na angústia. ***"Salmos 46:1"***

Ele te cobre com as suas penas, e debaixo das suas

asas encontras refúgio; a sua verdade é escudo e broquel.

Não temerás os terrores da noite, nem a seta que voe de dia,

...nem peste que anda na escuridão, nem mortandade que assole ao meio-dia. ***"Salmos 91:4-6"***

Porque Deus não nos deu o espírito de covardia, mas de poder, de amor e de moderação. ***"2 Timóteo 1:7"***

Mentiras

...não mintais uns aos outros, pois que já vos despistes do homem velho com os seus feitos,

...e vos vestistes do novo, que se renova para o pleno conhecimento, segundo a imagem daquele que o criou; **"Colossenses 3:9,10"**

Se uma testemunha iníqua se levantar contra alguém, para o acusar de transgressão,

...então aqueles dois homens que tiverem a demanda se apresentarão perante o Senhor, diante dos sacerdotes e dos juízes que houver nesses dias.

E os juízes inquirirão cuidadosamente; e eis que, sendo a testemunha falsa, e falso o testemunho que deu contra seu irmão,

...far-lhe-ás como ele cuidava fazer a seu irmão; e assim exterminarás o mal do meio de ti. **"Deuterenômio 19:16-19"**

Não admitirás falso rumor e não porás a tua mão com o ímpio, para seres testemunha falsa. **"Exôdo 23:1"**

...nem jurareis falso pelo meu nome, pois profanaríeis o nome do vosso Deus. Eu sou o SENHOR. **"Levítico 19:12"**

O lábio da verdade permanece para sempre, mas a língua da falsidade, dura por um só momento. **"Provérbios 12:19"**

A verdadeira testemunha não mentirá, mas a testemunha falsa se desboca em mentiras **"Provérbios 14:5"**

A falsa testemunha não ficará impune e o que respira

mentiras não escapará. ***"Provérbios 19:5"***

A falsa testemunha não ficará impune; e o que profere mentiras perecerá. ***"Provérbios 19:9"***

Não sejas testemunha sem causa contra o teu próximo; e não enganes com os teus lábios. ***"Provérbios 24:28"***

Malho, e espada, e flecha aguda é o homem que levanta falso testemunho contra o seu próximo. ***"Provérbios 25:18"***

E o rei lhe disse: Até quantas vezes te conjurarei, que não me fales senão a verdade em nome do SENHOR? ***"1 Reis 22:16"***

Mas, quanto aos medrosos, e aos incrédulos, e aos abomináveis, e aos homicidas, e aos adúlteros, e aos feiticeiros, e aos idólatras, e a todos os mentirosos, a sua parte será no lago ardente de fogo e enxofre, que é a segunda morte. ***"Apocalipse 21:8"***

Alienam-se os ímpios desde a madre; andam errados desde que nasceram, proferindo mentiras. ***"Salmos 58:3"***

Mas, se tendes amargo ciúme e sentimento faccioso em vosso coração, não vos glorieis, nem mintais contra a verdade. ***"Tiago 3:14"***

Morte

Por isso não desfalecemos; mas ainda que o nosso homem exterior se esteja consumindo, o interior, contudo, se renova de dia em dia. ***"2 Coríntios 4:16"***

Onde está, ó morte, a tua vitória? Onde está, ó morte, o teu aguilhão? ***"1 Coríntios 15:55"***

E, visto como os filhos participam da carne e do sangue, também ele participou das mesmas coisas, para que, pela morte, aniquilasse o que tinha o império da morte, isto é, o diabo,

...e livrasse todos os que, com medo da morte, estavam por toda a vida sujeitos à servidão. ***"Hebreus 2:14,15"***

Aniquilará a morte para sempre, e assim enxugará o Senhor JEOVÁ as lágrimas de todos os rostos, e tirará o opróbrio do seu povo de toda a terra; porque o SENHOR o disse. ***"Isaías 25:8"***

Em verdade, em verdade vos digo que, se alguém guardar a minha palavra, nunca verá a morte. ***"João 8:51"***

Para que todo aquele que nele crê não pereça, mas tenha a vida eterna. ***"João 3:15"***

Eu os remirei da mão do inferno, e os resgatarei da morte. Onde estão, ó morte, as tuas pragas? Onde está, ó inferno, a tua perdição? O arrependimento está escondido de meus olhos. ***"Oséias 13:14"***

Pela sua própria malícia é lançado fora o perverso,

mas o justo até na morte se mantém confiante. **"Provérbios 14:32"**

Logo muito mais agora, tendo sido justificados pelo seu sangue, seremos por ele salvos da ira. **"Romanos 5:9"**

Porque estou certo de que, nem a morte, nem a vida, nem os anjos, nem os principados, nem as potestades, nem o presente, nem o porvir,

Nem a altura, nem a profundidade, nem alguma outra criatura nos poderá separar do amor de Deus, que está em Cristo Jesus nosso Senhor. **"Romanos 8:38,39"**

Ainda que eu ande pelo vale da sombra da morte, não temerei mal algum, porque tu estás comigo; a tua vara e o teu cajado me consolam. **"Salmos 23:4"**

Nota o homem íntegro, e considera o reto, porque há para o homem de paz um porvir feliz. **"Salmos 37:37"**

Porque este Deus é o nosso Deus para todo o sempre; ele será nosso guia até a morte. **"Salmos 48:14"**

Mas Deus remirá a minha alma do poder do Seol, pois me receberá. **"Salmos 49:15"**

A minha carne e o meu coração desfalecem; do meu coração, porém, Deus é a fortaleza, e o meu quinhão para sempre. **"Salmos 73:26"**

Obediência

Quem dera que eles tivessem tal coração que me temessem e guardassem todos os meus mandamentos todos os dias, para que bem lhes fosse a eles e a seus filhos, para sempre! ***"Deuterenômio 5:29"***

Ouve, pois, ó Israel, e atenta que os guardes, para que bem te suceda, e muito te multipliques, como te disse o SENHOR, Deus de teus pais, na terra que mana leite e mel. ***"Deuterenômio 6:3"***

E farás o que é reto e bom aos olhos do SENHOR, para que bem te suceda, e entres, e possuas a boa terra, sobre a qual o SENHOR jurou a teus pais; ***"Deuterenômio 6:18"***

Será, pois, que, se, ouvindo estes juízos, os guardardes e fizerdes, o SENHOR, teu Deus, te guardará o concerto e a beneficência que jurou a teus pais; ***"Deuterenômio 7:12"***

Guardai, pois, as palavras deste concerto e cumpri-as para que prospereis em tudo quanto fizerdes. ***"Deuterenômio 29:9"***

Vês aqui, hoje te tenho proposto a vida e o bem, a morte e o mal;

...porquanto te ordeno, hoje, que ames o SENHOR, teu Deus, que andes nos seus caminhos e que guardes os seus mandamentos, e os seus estatutos, e os seus juízos, para que vivas e te multipliques, e o SENHOR, teu Deus, te abençoe na terra, a qual passas a possuir. ***"Deuterenômio 30:15,16"***

O que também aprendestes, e recebestes, e ouvistes, e vistes em mim, isso fazei; e o Deus de paz será convosco **"Filipenses 4:9"**

E, sendo ele consumado, veio a ser a causa de eterna salvação para todos os que lhe obedecem, **"Hebreus 5:9"**

Se o ouvirem, e o servirem, acabarão seus dias em bem, e os seus anos em delícias. **"Jó 36:11"**

E o mundo passa, e a sua concupiscência; mas aquele que faz a vontade de Deus permanece para sempre. **"1 João 2:17"**

...e qualquer coisa que lhe pedirmos, dele a receberemos, porque guardamos os seus mandamentos e fazemos o que é agradável à sua vista. **"1 João 3:22"**

Na verdade, na verdade vos digo que quem ouve a minha palavra, e crê naquele que me enviou, tem a vida eterna, e não entrará em condenação, mas passou da morte para a vida. **"João 5:24"**

Em verdade, em verdade vos digo que, se alguém guardar a minha palavra, nunca verá a morte. **"João 8:51"**

Se sabeis estas coisas, bem-aventurados sois se as fizerdes. **"João 13:17"**

Se guardardes os meus mandamentos, permanecereis no meu amor; do mesmo modo que eu tenho guardado os mandamentos de meu Pai, e permaneço no seu amor. **"João 15:10"**

Qualquer, pois, que violar um destes menores

mandamentos e assim ensinar aos homens será chamado o menor no Reino dos céus; aquele, porém, que os cumprir e ensinar será chamado grande no Reino dos céus. **"Mateus 5:19"**

Nem todo o que me diz: SENHOR, SENHOR! entrará no Reino dos céus, mas aquele que faz a vontade de meu Pai, que está nos céus. **"Mateus 7:21"**

Todo aquele, pois, que escuta estas minhas palavras e as pratica, assemelhá-lo-ei ao homem prudente, que edificou a sua casa sobre a rocha.

E desceu a chuva, e correram rios, e assopraram ventos, e combateram aquela casa, e não caiu, porque estava edificada sobre a rocha. **"Mateus 7:24,25"**

...porque qualquer que fizer a vontade de meu Pai, que está nos céus, este é meu irmão, e irmã, e mãe. **"Mateus 12:50"**

Porque os que ouvem a lei não são justos diante de Deus, mas os que praticam a lei hão de ser justificados. **"Romanos 2:13"**

E sabemos que todas as coisas concorrem para o bem daqueles que amam a Deus, daqueles que são chamados segundo o seu propósito. **"Romanos 8:28"**

Bem-aventurados os que observam o direito, que praticam a justiça em todos os tempos. **"Salmos 106:3"**

Entretanto aquele que atenta bem para a lei perfeita, a da liberdade, e nela persevera, não sendo ouvinte esquecido, mas executor da obra, este será bem-aventurado no que fizer. **"Tiago 1:25"**

Obrigação dos pais

Pais, deixai de irritar vossos filhos, para que não se tornem desanimados **"Colossenses 3:21"**

Tão-somente guarda-te a ti mesmo e guarda bem a tua alma, que te não esqueças daquelas coisas que os teus olhos têm visto, e se não apartem do teu coração todos os dias da tua vida, e as farás saber a teus filhos e aos filhos de teus filhos.

No dia em que estiveste perante o SENHOR, teu Deus, em Horebe, o SENHOR me disse: Ajunta-me este povo, e os farei ouvir as minhas palavras, e aprendê-las-ão, para me temerem todos os dias que na terra viverem, e as ensinarão a seus filhos. **"Deuterenômio 4:9,10"**

...e ensinai-as a vossos filhos, falando delas assentado em tua casa, e andando pelo caminho, e deitando-te, e levantando-te; **"Deuterenômio 11:19"**

E vós, pais, não provoqueis a ira a vossos filhos, mas criai-os na doutrina e admoestação do SENHOR. **"Efésios 6:4"**

E, naquele mesmo dia, farás saber a teu filho, dizendo: Isto é pelo que o SENHOR me tem feito, quando eu saí do Egito. **"Êxodo 13:8"**

Porque eu o tenho conhecido, que ele há de ordenar a seus filhos e a sua casa depois dele, para que guardem o caminho do SENHOR, para agirem com justiça e juízo; para que o SENHOR faça vir sobre Abraão o que acerca dele tem falado. **"Genesis 18:19"**

Educa a criança no caminho em que deve andar; e até quando envelhecer não se desviará dele. **"Provérbios 22:6"**

Corrige a teu filho, e ele te dará descanso; sim, deleitará o teu coração. **"Provérbios 29:17"**

Não os encobriremos aos seus filhos, cantaremos às gerações vindouras os louvores do Senhor, assim como a sua força e as maravilhas que tem feito.

Porque ele estabeleceu um testemunho em Jacó, e instituiu uma lei em Israel, as quais coisas ordenou aos nossos pais que as ensinassem a seus filhos;

...para que as soubesse a geração vindoura, os filhos que houvesse de nascer, os quais se levantassem e as contassem a seus filhos,

...a fim de que pusessem em Deus a sua esperança, e não se esquecessem das obras de Deus, mas guardassem os seus mandamentos; **"Salmos 78:4-7"**

Orgulho

Aquele, porém, que se gloria, glorie-se no SENHOR. Porque não é aprovado aquele que se recomenda a si mesmo, mas sim aquele a quem o Senhor recomenda. ***"2 Coríntios 10:17,18"***

Ai dos que são sábios a seus próprios olhos e prudentes diante de si mesmos! ***"Isaías 5:21"***

Olha para todo o soberbo, e humilha-o, e atropela os ímpios no seu lugar. ***"Jó 40:12"***

Como podeis vós crer, recebendo honra uns dos outros, e não buscando a honra que vem só de Deus? ***"João 5:44"***

E disse-lhes: Vós sois os que vos justificais a vós mesmos diante dos homens, mas Deus conhece o vosso coração, porque o que entre os homens é elevado perante Deus é abominação. ***"Lucas 16:15"***

E ele, assentando-se, chamou os doze e disse-lhes: Se alguém quiser ser o primeiro, será o derradeiro de todos e o servo de todos. ***"Marcos 9:35"***

O temor do SENHOR é odiar o mal; a soberba e a arrogância, o mau caminho e a boca perversa, eu odeio. ***"Provérbios 8:13"***

A soberba precede a ruína, e a altivez do espírito precede a queda. ***"Provérbios 16:18"***

Os olhos altivos, o coração orgulhoso e a lavoura dos

ímpios é pecado. ***"Provérbios 21:4"***

Vês um homem que é sábio a seus próprios olhos? Maior esperança há para o tolo do que para ele. ***"Provérbios 26:12"***

Seja outro o que te louve, e não a tua boca; o estranho, e não os teus lábios. ***"Provérbios 27:2"***

O cobiçoso levanta contendas; mas o que confia no SENHOR prosperará.

O que confia no seu próprio coração é insensato; mas o que anda sabiamente será livre. ***"Provérbios 28:25,26"***

Tu repreendeste os soberbos, os malditos, que se desviam dos teus mandamentos. ***"Salmos 119:21"***

Paciência

E não nos cansemos de fazer o bem, porque a seu tempo ceifaremos, se não houvermos desfalecido. ***"Gálatas 6:9"***

...para que vos não façais negligentes, mas sejais imitadores dos que, pela fé e paciência, herdam as promessas. ***"Hebreus 6:12"***

...retenhamos firmes a confissão da nossa esperança, porque fiel é o que prometeu. ***"Hebreus 10:23"***

Porque necessitais de paciência, para que, depois de haverdes feito a vontade de Deus, possais alcançar a promessa. ***"Hebreus 10:36"***

Mas aquele que perseverar até ao fim será salvo. ***"Mateus 24:13"***

O qual não cometeu pecado, nem na sua boca se achou engano. ***"1 Pedro 2:20"***

E não somente isto, mas também nos gloriamos nas tribulações; sabendo que a tribulação produz a paciência,

E a paciência a experiência, e a experiência a esperança. ***"Romanos 5:3,4"***

Meus irmãos, tende por motivo de grande gozo o passardes por várias provações,

...sabendo que a aprovação da vossa fé produz a perseverança;

...e a perseverança tenha a sua obra perfeita, para que sejais perfeitos e completos, não faltando em coisa alguma. ***"Tiago 1:2-4"***

Portanto, irmãos, sede pacientes até a vinda do SENHOR. Eis que o lavrador espera o precioso fruto da terra, aguardando-o com paciência, até que receba as primeiras e as últimas chuvas.

Sede vós também pacientes; fortalecei os vossos corações, porque a vinda do SENHOR está próxima. ***"Tiago 5:7,8"***

Palavra de Deus

Agora pois, vos encomendo a Deus e à palavra da sua graça, àquele que é poderoso para vos edificar e dar herança entre todos os que são santificados. ***"Atos 20:32"***

Ponde, pois, estas minhas palavras no vosso coração e na vossa alma, e atai-as por sinal na vossa mão, para que estejam por testeiras entre os vossos olhos, ***"Deuterenômio 11:18"***

Porque a palavra de Deus é viva, e eficaz, e mais penetrante do que qualquer espada de dois gumes, e penetra até à divisão da alma, e do espírito, e das juntas e medulas, e é apta para discernir os pensamentos e intenções do coração. ***"Hebreus 4;12"***

Examinais as Escrituras, porque vós cuidais ter nelas a vida eterna, e são elas que de mim testificam; ***"João 5:39"***

Não se aparte da tua boca o livro desta Lei; antes, medita nele dia e noite, para que tenhas cuidado de fazer conforme tudo quanto nele está escrito; porque, então, farás prosperar o teu caminho e, então, prudentemente te conduzirás. ***"Josué 1:8"***

E temos ainda mais firme a palavra profética à qual bem fazeis em estar atentos, como a uma candeia que alumia em lugar escuro, até que o dia amanheça e a estrela da alva surja em vossos corações; ***"2 Pedro 1:19"***

Sendo de novo gerados, não de semente corruptível, mas da incorruptível, pela palavra de Deus, viva, e que permanece para sempre. ***"1 Pedro 1:23"***

Desejai afetuosamente, como meninos novamente nascidos, o leite racional, não falsificado, para que por ele vades crescendo; ***"1 Pedro 2:2"***

Porque o mandamento é lâmpada, e a lei é luz; e as repreensões da correção são o caminho da vida, ***"Provérbios 6:23"***

Bem-aventurado aquele que lê e bem-aventurados os que ouvem as palavras desta profecia e guardam as coisas que nela estão escritas; porque o tempo está próximo. ***"Apocalipse 1:3"***

Saudai-vos uns aos outros com santo ósculo. As igrejas de Cristo vos saúdam. ***"Romanos 1:16"***

Logo a fé é pelo ouvir, e o ouvir pela palavra de Cristo. ***"Romanos 10:17"***

Lâmpada para os meus pés é a tua palavra, e luz para o meu caminho. ***"Salmos 119:105"***

A exposição das tuas palavras dá luz; dá entendimento aos simples. ***"Salmos 119:130"***

Pelo que, despojando-vos de toda sorte de imundícia e de todo vestígio do mal, recebei com mansidão a palavra em vós implantada, a qual é poderosa para salvar as vossas almas.

E sede cumpridores da palavra e não somente ouvintes, enganando-vos a vós mesmos.

Pois se alguém é ouvinte da palavra e não cumpridor, é semelhante a um homem que contempla no espelho o seu rosto natural;

...porque se contempla a si mesmo e vai-se, e logo se esquece de como era.

Entretanto aquele que atenta bem para a lei perfeita, a da liberdade, e nela persevera, não sendo ouvinte esquecido, mas executor da obra, este será bem-aventurado no que fizer. ***"Tiago 1:21-25"***

...e que desde a tua meninice sabes as sagradas Escrituras, que podem fazer-te sábio para a salvação, pela fé que há em Cristo Jesus.

Toda a Escritura é divinamente inspirada, e proveitosa para ensinar, para redarguir, para corrigir, para instruir em justiça; ***"2 Timóteo 3:15,16"***

Paz

Triunfe em vossos corações a paz de Cristo, para a qual fostes chamados a fim de formar um único corpo. E sede agradecidos. ***"Colossenses 3:15"***

E a paz de Deus, que excede todo o entendimento, guardará os vossos corações e os vossos sentimentos em Cristo Jesus. ***"Filipenses 4:7"***

E o efeito da justiça será paz, e a operação da justiça, repouso e segurança, para sempre. ***"Isaías 32:17"***

Eu crio os frutos dos lábios: paz, paz, para os que estão longe e para os que estão perto, diz o SENHOR, e eu os sararei. ***"Isaías 57:19"***

Deixo-vos a paz, a minha paz vos dou; não vo-la dou como o mundo a dá. Não se turbe o vosso coração, nem se atemorize. ***"João 14:27"***

E disse à mulher: A tua fé te salvou; vai-te em paz. ***"Lucas 7:50"***

Nota o homem íntegro, e considera o reto, porque há para o homem de paz um porvir feliz. ***"Salmos 37:37"***

Escutarei o que Deus, o SENHOR, disser; porque falará de paz ao seu povo, e aos seus santos, contanto que não voltem à insensatez. ***"Salmos 85:8"***

Ora, o próprio SENHOR da paz vos dê paz sempre e de toda maneira. O SENHOR seja com todos vós. ***"2 Tessalonicenses 3:16"***

Pecados sexuais

Os alimentos são para o estômago e o estômago para os alimentos; Deus, porém aniquilará, tanto um como os outros. Mas o corpo não é para a prostituição, mas para o Senhor, e o Senhor para o corpo **"1 Coríntios 6:13"**

Não sabeis vós que os vossos corpos são membros de Cristo? Tomarei pois os membros de Cristo, e os farei membros de uma meretriz? De modo nenhum. **"1 Coríntios 6:15"**

Fuja da prostituição. Qualquer outro pecado que o homem comete, é fora do corpo; mas o que se prostitui peca contra o seu próprio corpo.

Ou não sabeis que o vosso corpo é santuário do Espírito Santo, que habita em vós, o qual possuís da parte de Deus, e que não sois de vós mesmos?

Porque fostes comprados por preço; glorificai pois a Deus no vosso corpo. **"1 Coríntios 6:18-20"**

Ora, quanto às coisas de que me escrevestes, bom seria que o homem não tocasse em mulher; **"1 Coríntios 7:1"**

Digo, porém, aos solteiros e às viúvas, que lhes é bom se ficarem como eu.

Mas, se não podem conter-se, casem-se. Porque é melhor casar do que abrasar-se. **"1 Coríntios 7:8,9"**

Todavia aquele que está firme em seu coração, não tendo necessidade, mas tendo domínio sobre a sua própria vontade, se resolver no seu coração guardar virgem sua filha, fará bem. **"1 Coríntios 7:37"**

Não veio sobre vós tentação, senão humana; mas fiel é Deus, que não vos deixará tentar acima do que podeis, antes com a tentação dará também o escape, para que a possais suportar. **"1 Coríntios 10:13"**

Porque, naquilo que ele mesmo, sendo tentado, padeceu, pode socorrer aos que são tentados. **"Hebreus 2:18"**

Porque não temos um sumo sacerdote que não possa compadecer-se das nossas fraquezas; porém um que, como nós, em tudo foi tentado, mas sem pecado.
Cheguemos, pois, com confiança ao trono da graça, para que possamos alcançar misericórdia e achar graça, a fim de sermos ajudados em tempo oportuno. **"Hebreus 4:15,16"**

Venerado seja entre todos o matrimônio e o leito sem mácula; porém aos que se dão à prostituição e aos adúlteros Deus os julgará. **"Hebreus 13:4"**

...também sabe o SENHOR livrar da tentação os piedosos, e reservar para o dia do juízo os injustos, que já estão sendo castigados; **"2 Pedro 2:9"**

Álefe. Mulher virtuosa, quem a pode achar? Pois o seu valor muito excede ao de jóias preciosas. **"Provérbios 31:10"**

Estes são os que não se contaminaram com mulheres; porque são virgens. Estes são os que seguem o Cordeiro para onde quer que vá. Estes foram comprados dentre os homens para serem as primícias para Deus e para o Cordeiro. **"Apocalipse 14:4"**

Porque esta é a vontade de Deus, a saber, a vossa santificação: que vos abstenhais da prostituição, **"1 Tessalonicenses 4:3"**

Bem-aventurado o homem que suporta a provação; porque, depois de aprovado, receberá a coroa da vida, que o SENHOR prometeu aos que o amam. ***"Tiago 1:12"***

Perdão

Amai, porém a vossos inimigos, fazei bem e emprestai, nunca desanimado; e grande será a vossa recompensa, e sereis filhos do Altíssimo; porque ele é benigno até para com os integrantes e maus.

Sede misericordiosos, como também vosso Pai é misericordioso.

Não julgueis, e não sereis julgados; não condeneis, e não sereis condenados; perdoai, e sereis perdoados.

Dai, e ser-vos-á dado; boa medida, recalcada, sacudida e transbordando vos deitarão no regaço; porque com a mesma medida com que medis, vos medirão a vós. ***"Lucas 6:35-38"***

E, quando estiverdes orando, perdoai, se tendes alguma coisa contra alguém, para que vosso Pai, que está nos céus, vos perdoe as vossas ofensas.

Mas, se vós não perdoardes, também vosso Pai, que está nos céus, vos não perdoará as vossas ofensas. ***"Marcos 11:25,26"***

Eu, porém, vos digo: Amai a vossos inimigos, bendizei os que vos maldizem, fazei bem aos que vos odeiam e orai pelos que vos maltratam e vos perseguem,

Eu, porém, vos digo: Amai a vossos inimigos, bendizei os que vos maldizem, fazei bem aos que vos odeiam e orai pelos que vos maltratam e vos perseguem, ***"Mateus 5:44,45"***

Porque, se perdoardes aos homens as suas ofensas, também vosso Pai celestial vos perdoará a vós. ***"Mateus 6:14"***

Não digas: Vingar-me-ei do mal; espera pelo SENHOR, e ele te livrará. ***"Provérbios 20:22"***

Antes, se o teu inimigo tiver fome, dá-lhe de comer; se tiver sede, dá-lhe de beber; porque, fazendo isto amontoarás brasas de fogo sobre a sua cabeça. ***"Romanos 12:20"***

Pobreza

Cantai ao SENHOR, louvai ao SENHOR; pois livrou a alma do necessitado da mão dos malfeitores. ***"Jeremias 20:13"***

Nela habitava o teu rebanho; da tua bondade, ó Deus, proveste o pobre. ***"Salmos 68:10"***

Porque o Senhor ouve os necessitados, e não despreza os seus, embora sejam prisioneiros. ***"Salmos 69:33"***

Porque ele livra ao necessitado quando clama, como também ao aflito e ao que não tem quem o ajude.

Compadece-se do pobre e do necessitado, e a vida dos necessitados ele salva. ***"Salmos 72:12,13"***

...atendendo à oração do desamparado, e não desprezando a sua súplica. ***"Salmos 102:17"***

Mas levanta da opressão o necessitado para um alto retiro, e dá-lhe famílias como um rebanho. ***"Salmos 107:41"***

Ele levanta do pó o pobre, e do monturo ergue o necessitado, ***"Salmos 113:7"***

Abençoarei abundantemente o seu mantimento; fartarei de pão os seus necessitados. ***"Salmos 132:15"***

Prece

Porque o povo habitará em Sião, em Jerusalém; não chorarás mais; certamente se compadecerá de ti, à voz do teu clamor e, ouvindo-a, te responderá. **"Isaías 30:19"**

Porque o SENHOR; gritarás, e ele dirá: Eis-me aqui; acontecerá isso se tirares do meio de ti o jugo, o estender do dedo e o falar vaidade; **"Isaías 58:9"**

E será que, antes que clamem, eu responderei; estando eles ainda falando, eu os ouvirei. **"Isaías 65:24"**

Então, me invocareis, e ireis, e orareis a mim, e eu vos ouvirei. **"Jeremias 29:12"**

Clama a mim, e responder-te-ei e anunciar-te-ei coisas grandes e firmes, que não sabes. **"Jeremias 33:3"**

Orarás a ele, e ele te ouvirá, e pagarás os teus votos. **"Jó 22:27"**

...e qualquer coisa que lhe pedirmos, dele a receberemos, porque guardamos os seus mandamentos e fazemos o que é agradável à sua vista. **"1 João 3:22"**

E esta é a confiança que temos nele, que se pedirmos alguma coisa segundo a sua vontade, ele nos ouve.

...e, se sabemos que nos ouve em tudo o que pedimos, sabemos que já alcançamos as coisas que lhe temos pedido. **"1 João 5:14,15"**

E tudo quanto pedirdes em meu nome eu o farei, para

que o Pai seja glorificado no Filho.

Se pedirdes alguma coisa em meu nome, eu o farei. **"João 14:13,14"**

Se vós estiverdes em mim, e as minhas palavras estiverem em vós, pedireis tudo o que quiserdes, e vos será feito. **"João 15:7"**

E naquele dia nada me perguntareis. Na verdade, na verdade vos digo que tudo quanto pedirdes a meu Pai, em meu nome, ele vo-lo há de dar.

Até agora nada pedistes em meu nome; pedi, e recebereis, para que o vosso gozo se cumpra. **"João 16:23,24"**

Por isso, vos digo que tudo o que pedirdes, orando, crede que o recebereis e tê-lo-eis. **"Marcos 11:24"**

Mas tu, quando orares, entra no teu aposento e, fechando a tua porta, ora a teu Pai, que vê o que está oculto; e teu Pai, que vê o que está oculto, te recompensará. **"Mateus 6:6"**

Não vos assemelheis, pois, a eles, porque vosso Pai sabe o que vos é necessário antes de vós lho pedirdes. **"Mateus 6:8"**

Pedi, e dar-se-vos-á; buscai e encontrareis; batei, e abrir-se-vos-á.

Porque aquele que pede recebe; e o que busca encontra; e, ao que bate, se abre. **"Mateus 7:7,8"**

Se, vós, pois, sendo maus, sabeis dar boas coisas aos vossos filhos, quanto mais vosso Pai, que está nos céus, dará bens aos que lhe pedirem? **"Mateus 7:11"**

E tudo o que pedirdes na oração, crendo, o recebereis. **"Mateus 21:22"**

O SENHOR está longe dos ímpios, mas a oração dos justos escutará. **"Provérbios 15:29"**

Os justos clama, e o SENHOR os ouve, e os livra de todas as suas angústias. **"Salmos 34:17"**

De tarde, de manhã e ao meio-dia me queixarei e me lamentarei; e ele ouvirá a minha voz. **"Salmos 55:17"**

O tu que ouves as orações, a ti virá toda a carne. **"Salmos 65:2"**

Quando ele me invocar, eu lhe responderei; estarei com ele na angústia, livrá-lo-ei, e o honrarei. **"Salmos 91:15"**

Perto está o SENHOR de todos os que o invocam, de todos os que o invocam em verdade.

Ele cumpre o desejo dos que o temem; ouve o seu clamor, e os salva. **"Salmos 145:18,19"**

Confessai, portanto, os vossos pecados uns aos outros, e orai uns pelos outros, para serdes curados. A súplica de um justo pode muito na sua atuação. **"Tiago5:16"**

E farei passar esta terceira parte pelo fogo, e a purificarei, como se purifica a prata, e a provarei, como se prova o ouro. Ela invocará o meu nome, e eu a ouvirei; direi: É meu povo; e ela dirá: O SENHOR é o meu Deus. **"Zacarias 13:9"**

Preguiça

Eis aqui o que eu vi, uma boa e bela coisa: comer, e beber, egozar cada um do bem de todo o seu trabalho, em que trabalhou debaixo do sol, todos os dias da sua vida que Deus lhe deu; porque esta é a sua porção.

E quanto ao homem, a quem Deus deu riquezas e fazenda e lhe deu poder para delas comer, e tomar a sua porção, e gozar do seu trabalho, isso é dom de Deus. ***"Eclesiastes 5:18,19"***

Aquele que furtava não furte mais; antes, trabalhe, fazendo com as mãos o que é bom, para que tenha o que repartir com o que tiver necessidade. ***"Efésios 4:28"***

O que trabalha com mão displicente empobrece, mas a mão dos diligentes enriquece.

O que ajunta no verão é filho ajuizado, mas o que dorme na sega é filho que envergonha. ***"Provérbios 10:4,5"***

O que lavra a sua terra se fartará de pão; mas o que segue os ociosos é falto de juízo. ***"Provérbios 12:11"***

A mão dos diligentes dominará, mas os negligentes serão tributários. ***"Provérbios 12:24"***

A alma do preguiçoso deseja, e coisa nenhuma alcança, mas a alma dos diligentes se farta. ***"Provérbios 13:4"***

O pobre, do sulco da terra, tira mantimento em abundância; mas há os que se consomem por falta de juízo. ***"Provérbios 13:23"***

O caminho do preguiçoso é cercado de espinhos, mas a vereda dos retos é bem aplanada. **"Provérbios 15:19"**

Não ames o sono, para que não empobreças; abre os teus olhos, e te fartarás de pão. **"Provérbios 20:13"**

Os pensamentos do diligente tendem só para a abundância, porém os de todo apressado, tão-somente para a pobreza. **"Provérbios 21:5"**

Passei junto ao campo do preguiçoso, e junto à vinha do homem falto de entendimento;

...e eis que tudo estava cheio de cardos, e a sua superfície coberta de urtigas, e o seu muro de pedra estava derrubado.

O que tendo eu visto, o considerei; e, vendo-o, recebi instrução.

Um pouco para dormir, um pouco para toscanejar, um pouco para cruzar os braços em repouso;

...assim sobrevirá a tua pobreza como um salteador, e a tua necessidade como um homem armado. **"Provérbios 24:30-34"**

Procura conhecer o estado das tuas ovelhas; cuida bem dos teus rebanhos; **"Provérbios 27:23"**

E haverá bastante leite de cabras para o teu sustento, para o sustento da tua casa e das tuas criadas. **"Provérbios 27:27"**

O que lavra a sua terra se fartará de pão; mas o que segue os ociosos se encherá de pobreza. **"Provérbios 28:19"**

...não sejais vagarosos no cuidado; sede fervorosos no espírito, servindo ao SENHOR; **"Romanos 12:11"**

Porque, quando ainda estávamos convosco, isto vos mandamos: se alguém não quer trabalhar, também não coma.

Porquanto ouvimos que alguns entre vós andam desordenadamente, não trabalhando, antes intrometendo-se na vida alheia;

...a esses tais, porém, ordenamos e exortamos por nosso Senhor Jesus Cristo que, trabalhando sossegadamente, comam o seu próprio pão. ***"2 Tessalonicenses 3:10-12"***

E procureis viver quietos, tratar dos vossos próprios negócios, e trabalhar com vossas próprias mãos, como já vo-lo mandamos,

...a fim de que andeis dignamente para com os que estão de fora, e não tenhais necessidade de coisa alguma. ***"1 Tessalonicenses 4:11,12"***

...o qual se deu a si mesmo em resgate por todos, para servir de testemunho a seu tempo; ***"Timóteo 2:6"***

Preocupação

Em tudo somos atribulados, mas não angustiados; perplexos, mas não desesperados;

...perseguidos, mas não desamparados; abatidos, mas não destruídos; ***"2 Coríntios 4:8,9"***

Não estejais inquietos por coisa alguma; antes, as vossas petições sejam em tudo conhecidas diante de Deus, pela oração e súplicas, com ação de graças.

E a paz de Deus, que excede todo o entendimento, guardará os vossos corações e os vossos sentimentos em Cristo Jesus. ***"Filipenses 4:6,7"***

O meu Deus, segundo as suas riquezas, suprirá todas as vossas necessidades em glória, por Cristo Jesus. ***"Filipenses 4:19"***

E o efeito da justiça será paz, e a operação da justiça, repouso e segurança, para sempre. ***"Isaías 32:17"***

Porque ele será como a árvore plantada junto às águas, que estende as suas raízes para o ribeiro e não receia quando vem o calor, mas a sua folha fica verde; e, no ano de sequidão, não se afadiga nem deixa de dar fruto. ***"Jeremias 17:8"***

E, respondendo Jesus, disse-lhe: Marta, Marta, estás ansiosa e afadigada com muitas coisas,

...mas uma só é necessária; e Maria escolheu a boa parte, a qual não lhe será tirada. ***"Lucas 10:41,42"***

E sabemos que todas as coisas concorrem para o bem daqueles que amam a Deus, daqueles que são chamados segundo o seu propósito. ***"Romanos 8:28"***

O SENHOR é também um alto refúgio para o oprimido, um alto refúgio em tempos de angústia. - Em ti confiam os que conhecem o teu nome; porque tu, SENHOR, não abandonas aqueles que te buscam. ***"Salmos 9:9,10"***

Tu és o meu esconderijo; preservas-me da angústia; de alegres cânticos de livramento me cercas. ***"Salmos 32:7"***

Deus é o nosso refúgio e fortaleza, socorro bem presente na angústia.

Pelo que não temeremos, ainda que a terra se mude, e ainda que os montes se projetem para o meio dos mares;

...ainda que as águas rujam e espumem, ainda que os montes se abalem pela sua braveza. ***"Salmos 46:1-3"***

Quando ele me invocar, eu lhe responderei; estarei com ele na angústia, livrá-lo-ei, e o honrarei. ***"Salmos 91:15"***

Prisioneiros

Ainda que os teus desterrados estejam para a extremidade do céu, desde ali te ajuntará o SENHOR, teu Deus, e te tomará dali. **"Deuterenômio 30:4"**

Mas assim diz o SENHOR: Por certo que os presos se tirarão ao valente, e a presa do tirano escapará; porque eu contenderei com os que contendem contigo e os teus filhos eu remirei. **"Isaías 49:25"**

Deus faz que o solitário viva em família; liberta os presos e os faz prosperar; mas os rebeldes habitam em terra árida. **"Salmos 68:6"**

Porque o SENHOR ouve os necessitados, e não despreza os seus, embora sejam prisioneiros. **"Salmos 69:33"**

Tirou-os das trevas e da sombra da morte, e quebrou-lhes as prisões. **"Salmos 107:14"**

...que faz justiça aos oprimidos, que dá pão aos famintos. O SENHOR solta os encarcerados; **"Salmos 146:7"**

Procurando Deus

Porque assim diz o SENHOR à casa de Israel: Buscai-me, e vivei. ***"Amos 5:4"***

...para que buscassem a Deus, se porventura, tateando, o pudessem achar, o qual, todavia, não está longe de cada um de nós ***"Atos 17:27"***

E saiu ao encontro de Asa, e disse-lhe: Ouvi-me, Asa, e todo o Judá e Benjamim: O SENHOR está convosco, enquanto vós estais com ele, e, se o buscardes, o achareis; porém, se o deixardes, vos deixará.***"2 Crônicas 15:2"***

E tu, meu filho Salomão, conhece o Deus de teu pai, e serve-o com um coração perfeito e com uma alma voluntária; porque esquadrinha o SENHOR todos os corações, e entende todas as imaginações dos pensamentos; se o buscares, será achado de ti; porém, se o deixares, rejeitar-te-á para sempre. ***"1 Crônicas 28:9"***

Então, dali, buscarás ao SENHOR, teu Deus, e o acharás, quando o buscares de todo o teu coração e de toda a tua alma. ***"Deuterenômio 4:29"***

Porque me envergonhei de pedir ao rei exército e cavaleiros para nos defenderem do inimigo no caminho, porquanto tínhamos falado ao rei, dizendo: A mão do nosso Deus é sobre todos os que o buscam para o bem, mas a sua força e a sua ira, sobre todos os que o deixam. ***"Esdras 8:22"***

Ora, sem fé é impossível agradar-lhe, porque é

necessário que aquele que se aproxima de Deus creia que ele existe e que é galardoador dos que o buscam. **"Hebreus 11:6"**

E buscar-me-eis e me achareis quando me buscardes de todo o vosso coração. **"Jeremias 29:13"**

Mas, se tu de madrugada buscares a Deus, e ao Todo-Poderoso pedires misericórdia;

Se fores puro e reto, certamente logo despertará por ti, e restaurará a morada da tua justiça. **"Jó 8:5,6"**

Bom é o SENHOR para os que se atêm a ele, para a alma que o busca. **"Lamentações 3:25"**

Semeai para vós em justiça, ceifai segundo a misericórdia; lavrai o campo de lavoura; porque é tempo de buscar ao SENHOR, até que venha e chova a justiça sobre vós. **"Oséias 10:12"**

Em ti confiam os que conhecem o teu nome; porque tu, Senhor, não abandonas aqueles que te buscam. **"Salmos 9:10"**

Proteção divina

E de Benjamim disse: O amado do SENHOR habitará seguro com ele; todo o dia o SENHOR o protegerá, e ele morará entre os seus ombros. ***"Deuterenômio 33:12"***

E não servirão mais de rapina aos gentios, e a besta-fera da terra nunca mais as comerá; e habitarão seguramente, e ninguém haverá que as espante. ***"Ezequiel 34:28"***

Mas, agora, assim diz o SENHOR que te criou, ó Jacó, e que te formou, ó Israel: Não temas, porque eu te remi; chamei-te pelo teu nome; tu és meu.

Quando passares pelas águas, estarei contigo, e, quando pelos rios, eles não te submergirão; quando passares pelo fogo, não te queimarás, nem a chama arderá em ti. ***"Isaías 43:1,2"***

Da assolação e da fome te rirás, e os animais da terra não temerás. ***"Jó 5:22"***

E terás confiança, porque haverá esperança; olharás em volta e repousarás seguro.

E deitar-te-ás, e ninguém te espantará; muitos suplicarão o teu favor. ***"Jó 11:18,19"***

Antes, santificai ao SENHOR Deus em vossos corações; e estai sempre preparados para responder com mansidão e temor a qualquer que vos pedir a razão da esperança que há em vós, ***"1 Pedro 3:13"***

Mas o que me der ouvidos habitará em segurança, e estará livre do temor do mal. ***"Provérbios 1:33"***

Quando te deitares, não temerás; ao contrário, o teu sono será suave ao te deitares. **"Provérbios 3:24"**

Torre forte é o nome do SENHOR; a ela correrá o justo, e estará em alto refúgio. **"Provérbios 18:10"**

Em paz me deitarei e dormirei, porque só tu, SENHOR, me fazes habitar em segurança. **"Salmos 4:8"**

O SENHOR é a minha luz e a minha salvação; a quem temerei? O SENHOR é a força da minha vida; de quem me recearei? **"Salmos 27:1"**

Porquanto fizeste do SENHOR o teu refúgio, e do Altíssimo a tua habitação,

...nenhum mal te sucederá, nem praga alguma chegará à tua tenda. **"Salmos 91:9,10"**

Ele não teme más notícias; o seu coração está firme, confiando no SENHOR. **"Salmos 112:7"**

O SENHOR te guardará de todo o mal; ele guardará a tua vida.

O SENHOR guardará a tua saída e a tua entrada, desde agora e para sempre. **"Salmos 121:7,8"**

Redenção dos pecados

Seja-vos pois notório, varões, que por este se vos anuncia a remissão dos pecados. ***"Atos 13:38"***

Em quem temos a redenção pelo seu sangue, a remissão das ofensas, segundo as riquezas da sua graça, ***"Efésios 1:7"***

...o qual se deu a si mesmo por nossos pecados, para nos livrar do presente século mau, segundo a vontade de Deus, nosso Pai, ***"Gálatas 1:4"***

...assim também Cristo, oferecendo-se uma vez, para tirar os pecados de muitos, aparecerá segunda vez, sem pecado, aos que o esperam para a salvação. ***"Hebreus 9:28"***

Porque, com uma só oblação, aperfeiçoou para sempre os que são santificados. ***"Hebreus 10:14"***

Mas ele foi ferido pelas nossas transgressões e moído pelas nossas iniqüidades; o castigo que nos traz a paz estava sobre ele, e, pelas suas pisaduras, fomos sarados.

Todos nós andamos desgarrados como ovelhas; cada um se desviava pelo seu caminho, mas o SENHOR fez cair sobre ele a iniqüidade de nós todos. ***"Isaías 53:5,6"***

No dia seguinte João viu a Jesus, que vinha para ele, e disse: Eis o Cordeiro de Deus, que tira o pecado do mundo. ***"João 1:29"***

Meus filhinhos, estas coisas vos escrevo para que não pequeis; e, se alguém pecar, temos um Advogado para com o Pai, Jesus Cristo, o Justo.

E ele é a propiciação pelos nossos pecados e não somente pelos nossos, mas também pelos de todo o mundo. **"1 João 2:1,2"**

E bem sabeis que ele se manifestou para tirar os nossos pecados; e nele não há pecado. **"1 João 3:5"**

E ela dará à luz um filho, e lhe porás o nome de JESUS, porque ele salvará o seu povo dos seus pecados. **"Mateus 1:21"**

Porque isto é o meu sangue, o sangue do Novo Testamento, que é derramado por muitos, para remissão dos pecados. **"Mateus 26:28"**

Levando ele mesmo em seu corpo os nossos pecados sobre o madeiro, para que, mortos para os pecados, pudéssemos viver para a justiça; e pelas suas feridas fostes sarados. **"1 Pedro 2:24"**

Fiel é esta palavra e digna de toda a aceitação; que Cristo Jesus veio ao mundo para salvar os pecadores, dos quais sou eu o principal; **"1 Timóteo 1:15"**

Sabedoria

Porque Deus, que disse que das trevas resplandecesse a luz, é quem resplandeceu em nossos corações, para iluminação do conhecimento da glória de Deus, na face de Jesus Cristo. ***"2 Coríntios 4:6"***

Porque ao homem que é bom diante dele, dá Deus sabedoria, e conhecimento, e alegria; mas ao pecador dá trabalho, para que ele ajunte, e amontoe, e o dê ao bom perante a sua face. Também isso é vaidade e aflição de espírito. ***"Eclesiastes 2:26"***

E virão muitos povos e dirão: Vinde, subamos ao monte do SENHOR, à casa do Deus de Jacó, para que nos ensine o que concerne aos seus caminhos, e andemos nas suas veredas; porque de Sião sairá a lei, e de Jerusalém, a palavra do SENHOR. ***"Isaías 2:3"***

E sabemos que já o Filho de Deus é vindo, e nos deu entendimento para conhecermos o que é verdadeiro; e no que é verdadeiro estamos, isto é, em seu Filho Jesus Cristo. Este é o verdadeiro Deus e a vida eterna. ***"1 João 5:20"***

Então entenderás o temor do SENHOR, e acharás o conhecimento de Deus.

Porque o SENHOR dá a sabedoria; da sua boca é que vem o conhecimento e o entendimento.

Ele reserva a verdadeira sabedoria para os retos. Escudo é para os que caminham na sinceridade, ***"Provérbios 2:5-7"***

Os homens maus não entendem a justiça; mas os que

buscam ao SENHOR a entendem plenamente. ***“Provérbios 28:5”***

Bendigo ao SENHOR que me aconselha; até os meus rins me ensinam de noite. ***“Salmos 16:7”***

Instruir-te-ei, e ensinar-te-ei o caminho que deves seguir; aconselhar-te-ei, tendo-te sob a minha vista. ***“Salmos 32:8”***

Eis que desejas que a verdade esteja no íntimo; faze-me, pois, conhecer a sabedoria no secreto da minha alma. ***“Salmos 51:6”***

Ora, se algum de vós tem falta de sabedoria, peça-a a Deus, que a todos dá liberalmente e não censura, e ser-lhe-á dada. ***“Tiago 1:5”***

Salvação

E, quando vós estáveis mortos nos pecados, e na incircuncisão da vossa carne, vos vivificou juntamente com ele, perdoando-vos todas as ofensas, ***"Colossenses 2:13"***

Assim que, se alguém está em Cristo, nova criatura é; as coisas velhas já passaram; eis que tudo se fez novo. ***"2 Coríntios 5:17"***

Âquele que não conheceu pecado, Deus o fez pecado por nós; para que nele fôssemos feitos justiça de Deus. ***"2 Coríntios 5:21"***

E vos vivificou, estando vós mortos em ofensas e pecados, ***"Efésios 2:1"***

Mas, a todos quantos o receberam, deu-lhes o poder de serem feitos filhos de Deus, aos que crêem no seu nome;

...os quais não nasceram do sangue, nem da vontade da carne, nem da vontade do homem, mas de Deus. ***"João 1:12,13"***

Meus filhinhos, estas coisas vos escrevo para que não pequeis; e, se alguém pecar, temos um Advogado para com o Pai, Jesus Cristo, o Justo.

E ele é a propiciação pelos nossos pecados e não somente pelos nossos, mas também pelos de todo o mundo. ***"1 João 2:1,2"***

Jesus respondeu, e disse-lhe: Na verdade, na verdade te digo que aquele que não nascer de novo, não pode ver o reino de Deus.

Disse-lhe Nicodemos: Como pode um homem nascer, sendo velho? Pode, porventura, tornar a entrar no ventre de sua mãe, e nascer?

Jesus respondeu: Na verdade, na verdade te digo que aquele que não nascer da água e do Espírito, não pode entrar no reino de Deus.

O que é nascido da carne é carne, e o que é nascido do Espírito é espírito.

Não te maravilhes de te ter dito: Necessário vos é nascer de novo. ***"João 3:3-7"***

Mas não é assim o dom gratuito como a ofensa. Porque, se pela ofensa de um morreram muitos, muito mais a graça de Deus, e o dom pela graça, que é de um só homem, Jesus Cristo, abundou sobre muitos. ***"Romanos 5:15"***

Porque isto é bom e agradável diante de Deus nosso Salvador,

Que quer que todos os homens se salvem, e venham ao conhecimento da verdade. ***"1 Timóteo 2:3,4"***

Esta palavra é fiel e digna de toda a aceitação;

Porque para isto trabalhamos e lutamos, pois esperamos no Deus vivo, que é o Salvador de todos os homens, principalmente dos fiéis. ***"1 Timóteo 4:9,10"***

Mas quando apareceu a benignidade e amor de Deus, nosso Salvador, para com os homens,

Não pelas obras de justiça que houvéssemos feito, mas segundo a sua misericórdia, nos salvou pela lavagem da regeneração e da renovação do Espírito Santo,

Que abundantemente ele derramou sobre nós por Jesus Cristo nosso Salvador; ***"Tito 3:4-6"***

Solidão

E estais perfeitos nele, que é a cabeça de todo o principado e potestade; ***"Colossenses 2:10"***

E eu serei para vós Pai, E vós sereis para mim filhos e filhas, Diz o SENHOR Todo-Poderoso. ***"2 Coríntios 6:18"***

E eis que estou contigo, e te guardarei por onde quer que fores, e te farei tornar a esta terra, porque te não deixarei, até que te haja feito o que te tenho dito. ***"Genesis 28:15"***

Enquanto foste precioso aos meus olhos, também foste glorificado, e eu te amei, pelo que dei os homens por ti, e os povos, pela tua alma. ***"Isaías 43:4"***

Então, clamarás, e o SENHOR te responderá; gritarás, e ele dirá: Eis-me aqui; acontecerá isso se tirares do meio de ti o jugo, o estender do dedo e o falar vaidade; ***"Isaías 58:9"***

Não vos deixarei órfãos; voltarei para vós. ***"João 14:18"***

Eu, na verdade, sou pobre e necessitado, mas o SENHOR cuida de mim. Tu és o meu auxílio e o meu libertador; não te detenhas, ó Deus meu. ***"Salmos 40:17"***

Submissão

...mas julgará com justiça os pobres, e repreenderá com eqüidade os mansos da terra, e ferirá a terra com a vara de sua boca, e com o sopro dos seus lábios matará o ímpio. ***"Isaías 11:4"***

E os mansos terão regozijo sobre regozijo no SENHOR; e os necessitados entre os homens se alegrarão no Santo de Israel. ***"Isaías 29:19"***

...bem-aventurados os mansos, porque eles herdarão a terra; ***"Mateus 5:5"***

Porque assim se adornavam também antigamente as santas mulheres que esperavam em Deus, e estavam sujeitas aos seus próprios maridos; ***"1 Pedro 3:4"***

A RESPOSTA branda desvia o furor, mas a palavra dura suscita a ira. ***"Provérbios 15:1"***

Os mansos comerão e se fartarão; louvarão ao SENHOR os que o buscam. Que o vosso coração viva eternamente! ***"Salmos 22:26"***

Guia os mansos no que é reto, e lhes ensina o seu caminho. ***"Salmos 25:9"***

Mas os mansos herdarão a terra, e se deleitarão na abundância de paz. ***"Salmos 37:11"***

O SENHOR eleva os humildes, e humilha os perversos até a terra. ***"Salmos 147:6"***

Porque o SENHOR se agrada do seu povo; ele adorna os mansos com a salvação. ***"Salmos 149:4"***

Buscai ao SENHOR, vós todos os mansos da terra, que tendes posto por obra o seu juízo; buscai a justiça, buscai a mansidão; pode ser que sejais escondidos no dia da ira do SENHOR. ***"Sofonias 2:3"***

Sucesso

E darei erva no teu campo aos teus gados, e comerás e fartar-te-ás. ***"Deuterenômio 11:15"***

E todas estas bênçãos virão sobre ti e te alcançarão, quando ouvires a voz do SENHOR teu Deus;

Bendito serás na cidade, e bendito serás no campo.

Bendito o fruto do teu ventre, e o fruto da tua terra, e o fruto dos teus animais; e as crias das tuas vacas e das tuas ovelhas.

Bendito o teu cesto e a tua amassadeira.

Bendito serás ao entrares, e bendito serás ao saíres. ***"Deuterenômio 28:2-6"***

E o SENHOR te dará abundância de bens no fruto do teu ventre, e no fruto dos teus animais, e no fruto do teu solo, sobre a terra que o SENHOR jurou a teus pais te dar.

O SENHOR te abrirá o seu bom tesouro, o céu, para dar chuva à tua terra no seu tempo, e para abençoar toda a obra das tuas mãos; e emprestarás a muitas nações, porém tu não tomarás emprestado.

E o SENHOR te porá por cabeça, e não por cauda; e só estarás em cima, e não debaixo, se obedeceres aos mandamentos do SENHOR teu Deus, que hoje te ordeno, para os guardar e cumprir. ***"Deuterenômio 28:11-13"***

E o SENHOR, teu Deus, te dará abundância em toda obra das tuas mãos, no fruto do teu ventre, e no fruto dos teus animais, e no fruto da tua terra para bem; porquanto o SENHOR tornará a alegrar-se em ti para bem, como se alegrou em teus pais; ***"Deuterenômio 30:9"***

...e também que todo homem coma e beba e goze do bem de todo o seu trabalho. Isso é um dom de Deus. ***"Eclesiastes 3:13"***

E quanto ao homem, a quem Deus deu riquezas e fazenda e lhe deu poder para delas comer, e tomar a sua porção, e gozar do seu trabalho, isso é dom de Deus. ***"Eclesiastes 5:19"***

Então, te dará chuva sobre a semente com que semeares a terra, como também pão da novidade da terra; e esta será fértil e cheia; naquele dia, o teu gado pastará em lugares largos de pasto. ***"Isaías 30:23"***

E edificarão casas, e as habitarão; e plantarão vinhas, e comerão o seu fruto.

Não edificarão para que outros habitem; não plantarão para que outros comam; porque os dias do meu povo serão como os dias da árvore, e os meus eleitos gozarão das obras das suas mãos.

Não trabalharão debalde, nem terão filhos para a perturbação; porque são a posteridade bendita do SENHOR, e os seus descendentes estarão com eles. ***"Isaías 65:21-23"***

E deitares o teu tesouro no pó, e o ouro de Ofir nas pedras dos ribeiros,

Então o Todo-Poderoso será o teu tesouro, e a tua prata acumulada. ***"Jó 22:24,25"***

Determinarás tu algum negócio, e ser-te-á firme, e a luz brilhará em teus caminhos. ***"Jó 22:28"***

Riquezas e honra estão comigo; assim como os bens duráveis e a justiça.

Melhor é o meu fruto do que o ouro, do que o ouro

refinado, e os meus ganhos mais do que a prata escolhida. **"Provérbios 8:18,19"**

Na casa do justo há um grande tesouro, mas nos ganhos do ímpio há perturbação. **"Provérbios 15:6"**

O galardão da humildade e o temor do SENHOR são riquezas, honra e vida. **"Provérbios 22:4"**

Pois será como a árvore plantada junto às correntes de águas, a qual dá o seu fruto na estação própria, e cuja folha não cai; e tudo quanto fizer prosperará. **"Salmos 1:3"**

Bens e riquezas há na sua casa; e a sua justiça permanece para sempre. **"Salmos 112:3"**

Pois comerás do trabalho das tuas mãos; feliz serás, e te irá bem. **"Salmos 128:2"**

Trabalho

Para que possais andar dignamente diante do SENHOR, agradando-lhe em tudo, frutificando em toda a boa obra, e crescendo no conhecimento de Deus; ***"Colossenses 1:10"***

Portanto, meus amados irmãos, sede firmes e constantes, sempre abundantes na obra do SENHOR, sabendo que o vosso trabalho não é vão no SENHOR. ***"1 Coríntios 15:58"***

Mas esforçai-vos, e não desfaleçam as vossas mãos; porque a vossa obra tem uma recompensa. ***"2 Crônicas 15:7"***

E toda a obra que começou no serviço da casa de Deus, e na lei, e nos mandamentos, para buscar a seu Deus, ele a fez de todo o seu coração, e prosperou. ***"2 Crônicas 31:21"***

O SENHOR te abrirá o seu bom tesouro, o céu, para dar chuva à tua terra no seu tempo e para abençoar toda a obra das tuas mãos; e emprestarás a muitas gentes, porém tu não tomarás emprestado. ***"Deuterenômio 28:12"***

Aquele que furtava não furte mais; antes, trabalhe, fazendo com as mãos o que é bom, para que tenha o que repartir com o que tiver necessidade. ***"Efésios 4:28"***

E abençoou Deus o dia sétimo e o santificou; porque nele descansou de toda a sua obra, que Deus criara e fizera. ***"Genesis 2:3"***

Porque Deus não é injusto para se esquecer da vossa obra e do trabalho da caridade que, para com o seu nome,

...mas desejamos que cada um de vós mostre o mesmo cuidado até ao fim, para completa certeza da esperança; mostrastes, enquanto servistes aos santos e ainda servis. ***"Hebreus 6:10,11"***

Jesus disse-lhes: A minha comida é fazer a vontade daquele que me enviou, e realizar a sua obra. ***"João 4:34"***

Disseram-lhe, pois: Que faremos para executarmos as obras de Deus?

Jesus respondeu, e disse-lhes: A obra de Deus é esta: Que creiais naquele que ele enviou. ***"João 6:28,29"***

Eu glorifiquei-te na terra, tendo consumado a obra que me deste a fazer.

E agora glorifica-me tu, ó Pai, junto de ti mesmo, com aquela glória que tinha contigo antes que o mundo existisse. ***"João 17:4,5"***

Vinde a mim, todos os que estais cansados e oprimidos, e eu vos aliviarei. ***"Mateus 11:28"***

Em todo trabalho há proveito, mas ficar só em palavras leva à pobreza. ***"Provérbios 14:23"***

Até a criança se dará a conhecer pelas suas ações, se a sua obra é pura e reta. ***"Provérbios 20:11"***

Se o SENHOR não edificar a casa, em vão trabalham os que a edificam; se o SENHOR não guardar a cidade, em vão vigia a sentinela. ***"Salmos 127:1"***

Porquanto ouvimos que alguns entre vós andam

desordenadamente, não trabalhando, antes fazendo coisas vãs.

A esses tais, porém, mandamos, e exortamos por nosso Senhor Jesus Cristo, que, trabalhando com sossego, comam o seu próprio pão. ***"2 Tessalonicenses 3:11,12"***

Vergonha

Mas, se padece como cristão, não se envergonhe, antes glorifique a Deus nesta parte. ***"1 Pedro 4:16"***

E a esperança não traz confusão, porquanto o amor de Deus está derramado em nossos corações pelo Espírito Santo que nos foi dado. ***"Romanos 5:5"***

...como está escrito: Eis que eu ponho em Sião uma pedra de tropeço; e uma rocha de escândalo; e quem nela crer não será confundido. ***"Romanos 9:33"***

Porque a Escritura diz: Ninguém que nele crê será confundido. ***"Romanos 10:11"***

Então não ficarei confundido, atentando para todos os teus mandamentos. ***"Salmos 119:6"***

Seja perfeito o meu coração nos teus estatutos, para que eu não seja envergonhado. ***"Salmos 119:80"***

Por cuja causa padeço também isto, mas não me envergonho; porque eu sei em quem tenho crido, e estou certo de que é poderoso para guardar o meu depósito até àquele dia. ***"2 Timóteo 1:12"***

Procura apresentar-te a Deus aprovado, como obreiro que não tem de que se envergonhar, que maneja bem a palavra da verdade. ***"2 Timóteo 2:15"***

Vida eterna

Porque sabemos que, se a nossa casa terrestre deste tabernáculo se desfizer, temos de Deus um edifício, uma casa não feita por mãos, eterna, nos céus. ***"2 Coríntios 5:1"***

Porque, assim como por um homem veio a morte, também por um homem veio a ressurreição dos mortos. ***"1 Coríntios 15:21"***

Assim também é a ressurreição, é ressuscitado em incorrupção.

Semeia-se em ignomínia, ressuscitará em glória. Semeia-se em fraqueza, ressuscitará com vigor.

Semeia-se corpo animal, é ressuscitado corpo espiritual. Se há corpo animal, há também corpo espiritual. ***"1 Coríntios 15:42-44"***

Eis aqui vos digo um mistério: Nem todos dormiremos mas todos seremos transformados,

...num momento, num abrir e fechar de olhos, ante a última trombeta; porque a trombeta soará, e os mortos ressuscitarão incorruptíveis, e nós seremos transformados.

Porque convém que isto que é corruptível se revista da incorruptibilidade, e que isto que é mortal se revista da imortalidade.

Mas, quando isto que é corruptível se revestir da incorruptibilidade, e isto que é mortal se revestir da imortalidade, então se cumprirá a palavra que está escrito: Tragada foi a morte na vitória. ***"1 Coríntios 15:51-54"***

E muitos dos que dormem no pó da terra ressuscitarão, uns para a vida eterna, e outros para vergonha e desprezo eterno. ***"Daniel 12:2"***

Porque o que semeia na sua carne da carne ceifará a corrupção; mas o que semeia no Espírito do Espírito ceifará a vida eterna. ***"Gálatas 6:8"***

Os teus mortos viverão, os teus mortos ressuscitarão; despertai e exultai, vós que habitais no pó, porque o teu orvalho, ó Deus, será como o orvalho das ervas, e a terra lançará de si os mortos. ***"Isaías 26:19"***

E depois de consumida a minha pele, contudo ainda em minha carne verei a Deus,

Vê-lo-ei, por mim mesmo, e os meus olhos, e não outros o contemplarão; e por isso os meus rins se consomem no meu interior. ***"Jó 19:26,27"***

E esta é a promessa que ele nos fez: a vida eterna. ***"1 João 2:25"***

Porque Deus amou o mundo de tal maneira que deu o seu Filho unigênito, para que todo aquele que nele crê não pereça, mas tenha a vida eterna. ***"João 3:16"***

Ele respondeu-lhes: Aquele que me curou, ele próprio disse: Toma o teu leito, e anda. ***"João 5:11"***

Estas coisas vos escrevi, para que saibais que tendes a vida eterna e para que creiais no nome do Filho de Deus. ***"1 João 5:13"***

Não vos maravilheis disto; porque vem a hora em que todos os que estão nos sepulcros ouvirão a sua voz.

E os que fizeram o bem sairão para a ressurreição da vida; e os que fizeram o mal para a ressurreição da condenação. ***"João 5:28,29"***

E a vontade do Pai que me enviou é esta: Que nenhum de todos aqueles que me deu se perca, mas que o ressuscite no último dia.

Porquanto a vontade daquele que me enviou é esta: Que todo aquele que vê o Filho, e crê nele, tenha a vida eterna; e eu o ressuscitarei no último dia. ***"João 6:39,40"***

Na verdade, na verdade vos digo que aquele que crê em mim tem a vida eterna. ***"João 6:47"***

Quem come a minha carne e bebe o meu sangue tem a vida eterna, e eu o ressuscitarei no último dia. ***"João 6:54"***

As minhas ovelhas ouvem a minha voz, e eu conheço-as, e elas me seguem;

...e dou-lhes a vida eterna, e nunca hão de perecer, e ninguém as arrebatará da minha mão. ***"João 10:27,28"***

Disse-lhe Jesus: Eu sou a ressurreição e a vida; quem crê em mim, ainda que esteja morto, viverá;

...e todo aquele que vive, e crê em mim, nunca morrerá. Crês tu isto? ***"João 11:25,26"***

Na casa de meu Pai há muitas moradas; se não fosse assim, eu vo-lo teria dito. Vou preparar-vos lugar.

E quando eu for, e vos preparar lugar, virei outra vez, e vos levarei para mim mesmo, para que onde eu estiver estejais vós também. ***"João 14:2,3"***

...mas os que forem havidos por dignos de alcançar o mundo vindouro e a ressurreição dos mortos nem hão de casar, nem ser dados em casamento;

...porque já não podem mais morrer, pois são iguais aos anjos e são filhos de Deus, sendo filhos da ressurreição. ***"Lucas 20:35,36"***

Por isso estão diante do trono de Deus, e o servem de dia e de noite no seu templo; e aquele que está assentado sobre o trono os cobrirá com a sua sombra.

Nunca mais terão fome, nunca mais terão sede; nem sol nem calma alguma cairá sobre eles.

Porque o Cordeiro que está no meio do trono os apascentará, e lhes servirá de guia para as fontes das águas da vida; e Deus limpará de seus olhos toda a lágrima. ***"Apocalipse 7:15,17"***

Ele enxugará de seus olhos toda lágrima; e não haverá mais morte, nem haverá mais pranto, nem lamento, nem dor; porque já as primeiras coisas são passadas. ***"Apocalipse 21:4"***

Porque o salário do pecado é a morte, mas o dom gratuito de Deus é a vida eterna, por Cristo Jesus nosso Senhor. ***"Romanos 6:23"***

E, se o Espírito daquele que dentre os mortos ressuscitou a Jesus habita em vós, aquele que dentre os mortos ressuscitou a Cristo também vivificará os vossos corpos mortais, pelo seu Espírito que em vós habita. ***"Romanos 8:11"***

Pois não deixarás a minha alma no inferno, nem permitirás que o teu Santo veja corrupção. ***"Salmos 16:10"***

Porque o SENHOR mesmo descerá do céu com grande brado, à voz do arcanjo, ao som da trombeta de Deus, e os que morreram em Cristo ressuscitarão primeiro. ***"1 Tessalonicenses 4:16"***

...e que é manifesta agora pela aparição de nosso Salvador Jesus Cristo, o qual aboliu a morte, e trouxe à luz a vida e a incorrupção pelo evangelho; ***"2 Timóteo 1:10"***

Que essas palavras tenham de alguma forma deixado a sua alma mais tranquila e colaborado para que você tenha se tornado um ser humano melhor e mais perto de DEUS.

Edição e Projeto gráfico
LeiaSempre
leiasempre@terra.com.br